純喫茶図解

塩谷歩波

営業中

はじめに

こんにちは、画家の塩谷歩波と申します。

この本は、東京を中心とした18軒の純喫茶を絵と文章と写真で紹介したイラストエッセイ集です。２０２３年10月から２０２４年11月までウェブサイト「幻冬舎plus」で連載していた『純喫茶図解』の記事を加筆・修正し、書き下ろし５本を加えて１冊の本にまとめました。

連載を通して、月に１度、純喫茶を訪れて記事に起こす日々を１年ほど続けてきました。連載前から大好きだった純喫茶を訪れ、建物の調査をして店主の方にお話を伺い、そこで体験した感動を絵や文章で表現する時間は心から楽しいものでした。

純喫茶は、昭和初期に様々なサービスを提供する喫茶店が台頭する中で、〝お酒や接客を伴わない純粋な喫茶店〟として確立されました。しかし、近年はお酒を提供するお店も多く、純喫茶は〝レトロな雰囲気の喫茶店〟という意味合いに変化したように感じられます。

この本で紹介する純喫茶の中には、見た目だけでなく実際に50年以上の歴史を持つ店舗も多くあります。

長い年月を重ねたからこそ出来上がった、
誰にも真似できない唯一無二の空間。
その一瞬を絵と文章と写真で切り取り、お店の魅力をお届けします。

紹介した純喫茶の中には、閉店してしまうお店もあります。
いつかお店がなくなったとしても、
本書を読み返してお店に行ったときの体験を思い返してほしい。
遠方で直接訪れることができなくても、
その場所を訪れたような気持ちになってほしい。
これから訪れたいと思っている人は、
期待を膨らませて実際に足を運んでほしい。
そんな思いで、本の完成まで、素晴らしい純喫茶の世界を
絵に起こす活動を続けてこられました。

ぜひ、純喫茶で過ごす時間を想像しながら、
ページをめくってみてください。4つのカテゴリーに分けて掲載しましたが、
どのページからでも読んでいただけます。
麗しく、美味しく、優しい純喫茶の世界をどうぞお楽しみくださいませ。

もくじ

はじめに　2

第1章　ノスタルジックな純喫茶

西荻窪　それいゆ　10
蔵前　らい　16
渋谷　茶亭　羽當　22
神保町　ラドリオ　28
津田沼　珈琲屋からす　34
高円寺　珈琲亭　七つ森　40

第2章 豪華絢爛な純喫茶
上野 Coffee Shop ギャラン 48
銀座 トリコロール 本店 54
上野 喫茶 古城 60
第3章 音を楽しむ純喫茶
渋谷 名曲喫茶ライオン 68
阿佐ケ谷 ヴィオロン 74
吉祥寺 バロック 80
新宿 新宿らんぶる 86

第4章 ひとクセ光る純喫茶

神保町 さぼうる 〜 94

阿佐ケ谷 gion 〜 100

吉祥寺 COFFEE HALL くぐつ草 〜 106

御茶ノ水 喫茶 穂高 〜 112

都立家政 Coffee & Lunch つるや 〜 118

Column

1 純喫茶図解ができるまで 46

2 インテリアの見どころ 66

3 純喫茶と銭湯の意外な共通点 92

4 純喫茶図解で描く人 124

おわりに 〜 125

ブックデザイン 中村 妙

「純喫茶図解」の見方

◎「純喫茶図解」は純喫茶の建物内部を「アイソメトリック*」という建築図法で俯瞰的に描き起こしたものです。実際に建物内部を測量し、建物だけでなく家具の一つ一つまで実際の測量値に基づいて描いています。

おすすめの読み方❶ **純喫茶にいるつもりになろう**

自分がその純喫茶にいるつもりで読んでみてください。図解の登場人物の一人になってもいいと思います。ここに座ったらどんな気持ちになるかな、どんな空気かな、これはどんな味かな。絵や文章を眺めながら、ぜひ想像してみてください。

おすすめの読み方❷ **純喫茶の人を想像してみよう**

実は、図解の人物を描く上で、それぞれにエピソードを設定しています。この人は何をしているのかな、どんな仕事をしているのかな。その人ごとの物語を想像してみてください。

おすすめの読み方❸ **純喫茶に行ってみよう**

できることなら、実際に純喫茶を訪れてみてください！　その際は、ぜひこの本をお供にどうぞ。「あれ、本とは全然違うな〜」と思うことがあっても大正解です。この本は純喫茶の魅力を伝える入り口でしかないので、ぜひご自身の感覚で純喫茶の魅力を再発見してくださいね。

◎本書掲載の情報、写真・イラストは取材時（2023〜2024年）のものです。その後、内装やインテリアが変化している場合もあります。最新の情報は各店にご確認ください。

＊アイソメトリック……立体を斜め上から捉えて表現する図法の一つで、等角投影図ともいいます。本来は、三方の軸がそれぞれ等しい角度（120度間隔）で見えるように立体を投影するものですが、「純喫茶図解」ではお店によって角度を変えています。

第1章

ノスタルジックな純喫茶

アンティークの調度品にシェードランプの薄明かり、窓から覗く満開のバラ……。
初めて訪れたのに、なんだか懐かしい気持ちに浸れる純喫茶。

お店の入り口には
キュートな看板も。

床は赤の地に
白いバラが
描かれた
ロマンティック
な柄。

季節に合わせた色鮮
やかなお花はスタッフ
さんによるもの。

冷蔵庫にはサイフォンで
淹れたコーヒーやザッハトルテ
などのケーキが。見ている
だけでお腹が減っちゃう！

廣田さんの
お家から持って
きた絵本。
お店で読み
聞かせを
楽しむ親子さん
もいるそうです。

お喋りを楽しむ若い男女や、
歌詞を書く音楽関係者、打ち
合わせをするビジネスマン、食事を
楽しむ人々など色んな人が思い思い
の過ごし方をしています。

西荻窪

それいゆ

1965年から家族で紡いできた純喫茶。どこかホッとできる優しい料理と、家族の思い出が詰まった温かな空間に癒やされて。

文庫本と棚を
ほのあかるく照らす、
楽器を弾く少年が
モチーフの照明。
4本のサイフォン。コーヒーが
すべて落ち切るのに12〜15時間
かかり、1日あたり20〜25杯の
コーヒーができるのだとか。
文庫本が
並ぶ棚。
奥まった
スペースとの
間仕切り
にもなって
います。
上段には
洋風の古い
お人形が
お行儀よく
座っています。
受付のカウンター
がわりのショーケース。
ケーキやゼリーなどの
美味しそうな
スイーツが並んで
います。
コーヒーポット
とカップの
タイルが
隠されています。
窓側の席は、外から風が
入り込んでとても気持ちが
いいです。

「家庭のその先」を目指した
素朴な味わいが魅力

棚で仕切られた奥まったエリア。ゆったり本を読みたいときにおすすめの落ち着いた席。コーナーには文庫本がずらりと並ぶ。

「うちの料理は家庭の延長なんですよ」と、それいゆ2代目店長の廣田《ひろた》桃江さんは朗らかに笑った。

「それいゆ」名物のチーズカレー。たっぷりとチーズをかけてオーブンで熱々に焼かれたカレーは、細かく切られた野菜とチーズが溶け合い、まろやかな味わいで、あっという間に平らげてしまう美味しさ。けれど、どこか懐かしい素朴さも感じられる。食後のパンプキンパイも、実家で出てきたことは一度もないのに、なぜか幼い頃を思い返して優しい気持ちになってしまうのだ。

それいゆの創業は1965年。トロンボーン奏者であった廣田さんの

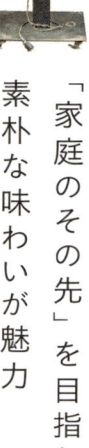

窓側の席から店内を見渡して。暖色の照明、茶色の家具、バラ柄の床。目に入るものすべてが温かな色合いで統一されており、ホッと落ち着く。

お父さんがジャズとクラシックに馴染みがあったため、開店当初は数多くのレコードが並ぶジャズ喫茶だった。夜遅くまでコーヒーを飲みつつ音楽を楽しめる喫茶店として人気を博していたそうだ。

元々経営していたのは廣田さんのお母さんと叔母さんだったが、高齢になったことをきっかけに、幼い頃から馴染みあるそれいゆを繋《つな》いでいきたいと廣田さんと従妹の太田さんが引き継いだそうだ。

家族で紡いできたお店だからこそ、それいゆには様々な家族の痕跡が残されている。

入り口近くの棚に、古びた洋風のお人形さんがずらりと並んでいる。この人形たちは、廣田さんのお母さんと叔母さんが趣味の海外旅行で訪れたヨーロッパの蚤の市で買ってきたものだという。年季が入った印象だが、2年に1度はクリーニングをしているそうで清潔感があり、大事にされているのがひしひしと感じられる。

うさぎの耳をつけた女性が印象的な看板も、そうだ。これは廣田さんが通っていた保育園のお友達のお母さんがイラストレーターで、当時の廣田さんのお母さんをイメージして描いたものだという。数十年前に描かれたイラストのはずなのにちっとも古さがなく、それどころか今っぽい雰囲気すら感じられるのは、そんな思い出があるからだろうか。

廣田さんは、家庭の延長だからと言った後に、「特別なものは出せないんですよ」と続けた。私はそれこそ

つい長居したくなる、温かな空間

入り口正面には4本のサイフォンが並ぶ半円形のテーブル。クリスマスシーズンには、サンタクロースと家形の置物が並べられ、楽しい気分になる。

名物のチーズカレー。とろとろのチーズと、野菜たっぷりのカレーは相性抜群。オーブンで焼かれたおこげ部分も格別な美味しさ。

それいゆ

住所	東京都杉並区西荻南3-15-8
電話番号	03-3332-3005
営業時間	10:00〜20:00
定休日	なし
アクセス	JR西荻窪駅南口から徒歩3分

が特別だと思う。どこか馴染み深くて落ち着いた心地になるからこそ、何度も来たいと思える。ずっとここにいたくなるような、おかえりと言ってくれるような優しさが、この店にはある。

この文章を窓際の席で書きながら、ふと窓の外を眺めてみた。おや？　よく見ると、窓のサッシの端に小さなクマさんのシールが貼ってある。廣田さんは全く知らなかったそうなので、誰かのささやかなイタズラだろう。

そんな小さな痕跡にも、満たされるような温かさを感じられて、愛おしいと思ってしまう。きっとこの先も、廣田さん一家だけでなく、様々な人の温もりが残るこの店に、何度も足を運んでしまうだろう。

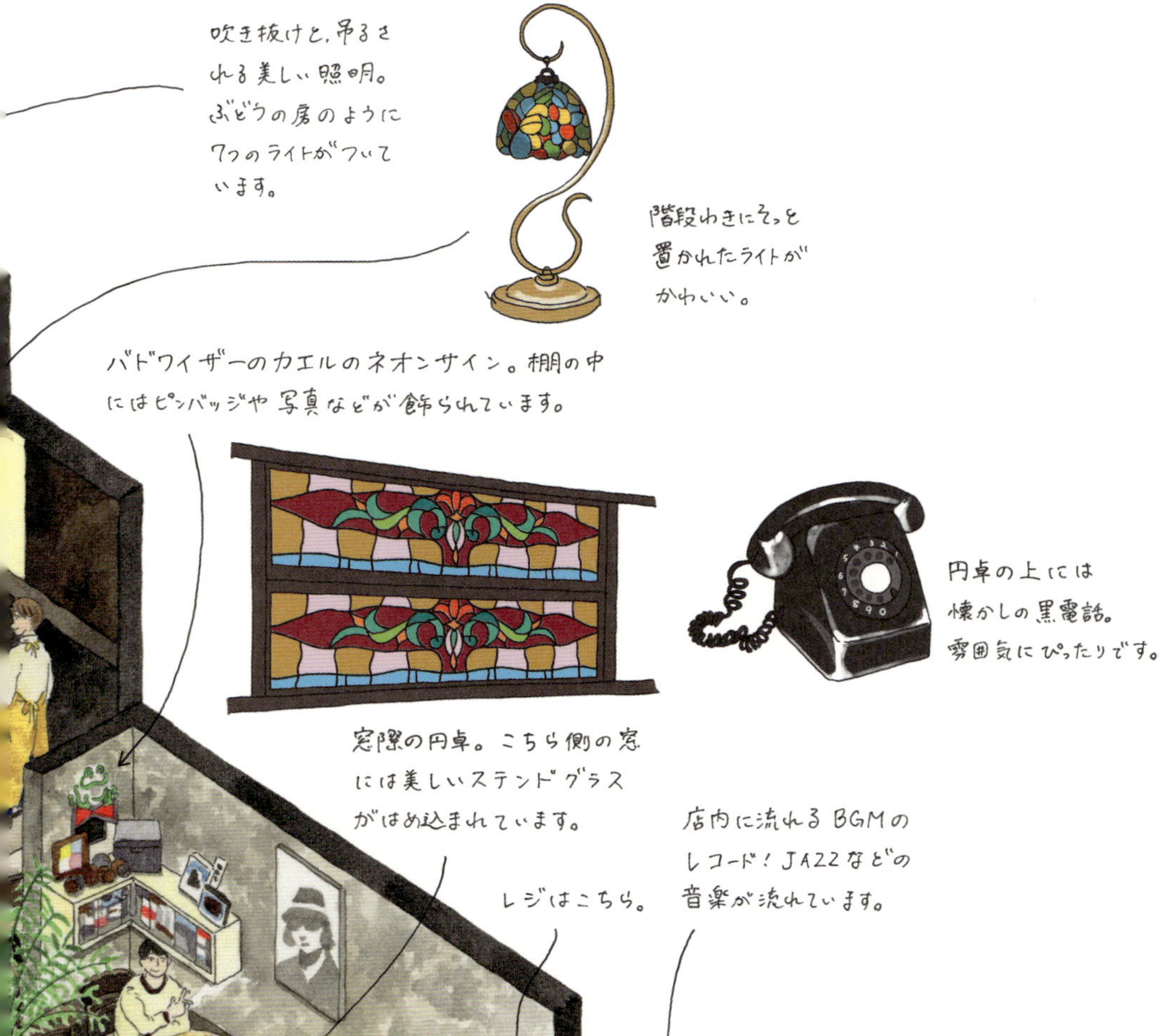
吹き抜けと、吊るされる美しい照明。ぶどうの房のように7つのライトがついています。

階段わきにそっと置かれたライトがかわいい。

バドワイザーのカエルのネオンサイン。棚の中にはピンバッジや写真などが飾られています。

円卓の上には懐かしの黒電話。雰囲気にぴったりです。

窓際の円卓。こちら側の窓には美しいステンドグラスがはめ込まれています。

店内に流れるBGMのレコード！JAZZなどの音楽が流れています。

レジはこちら。

出入り口

蔵前

らい

先見の明を持つオーナーが作り出した、唯一無二の純喫茶。当時は文句も言われたという店づくりは、今やタイムレスな魅力に。

鉄で作られた鹿のような不思議なアート。デザインの意図はお店の方もご存じないそうです。

トイレ

ファンキーな見た目のレトロなゲーム機。

実はこの先には階段があって3階に繋がっているんだとか！4階まであるそうです。

厨房。カウンターに4席、手すりの下に4席あります。

特徴的なミラービールのネオンサイン。かっこいい！

冷蔵庫の側面には、らいが掲載された雑誌や純喫茶にまつわる書籍が。

変わりゆく街でタイムレスな魅力を放つ大人の秘密基地

蔵前の街を北に抜け、生真面目そうに並ぶ四角いビル群の向こう側に、色褪せたブラウンとオレンジのストライプ柄のテントがついた細長い建物がある。ステンドグラスがはめ込まれた木枠の窓から中を覗《のぞ》き込むと、レトロな雰囲気たっぷりの温かな店内が見えて心が躍る。

優しい色合いのレンガが放射状にのびる床、その上に置かれたいくつかの円卓と特徴的な観葉植物、雑誌やピンバッジが置かれた飾り棚。趣味とこだわりが詰まった「大人の秘密基地」のような雰囲気だ。

低い天井とうなぎの寝床のような細長い造りに吸い込まれるように建

1_ストライプ柄の大きなテントが目印。テントの右端には、リボンを折りたたんで書いたような「ら」と「い」の文字。 2_吹き抜けを照らす照明はハッとするほど美しい。

物の奥へ進むと、半地下と2階を結びつける吹き抜けが出迎えてくれる。案内されたのは2階の席。吹き抜けを囲む手すり脇の席に座って1階を見下ろすと、窓の光に照らされてグラデーションのように色が変わるレンガの床の様子がよく見える。その景色が美しくて愛おしくて、ため息をついてしまう。

純喫茶「らい」は1962年にオープンした。当時のらいは若者が集う喫茶&バーで、下町では異色の存在だった。スープに添えてタバスコを出せば「ケチャップが腐っている」と言われ、今では熱狂的なファンがいるほど人気の老舗ベーカリー、ペリカンのパンをトーストで出したら「小さすぎる」と言われる。

建物自体もオーソドックスな純喫

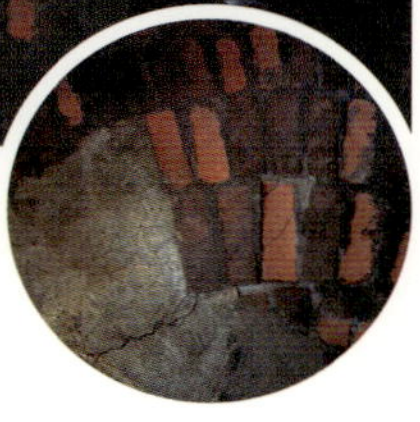

3_入り口から覗く地下のキッチン。ムーディーな雰囲気があって、ワクワクする。
4_窓際の座席。自然光が差し込み、料理がいっそう美味しそうに見える席。

〃気づいたら最先端にいた〃先見の明

5_以前、配っていたお店のマッチ。奥は先代の実家が営業していたという中華料理店のマッチ。
6_天井が低い空間の先に吹き抜けがあるので、より開放的な印象に。

茶のイメージではなくコーヒーショップの雰囲気を目指し、床をレンガにしたり、壁画を設けたり、ジャズが流れるスピーカーを設置したりと細部にまでこだわっている。

2年前に2代目へと受け継がれ、2025年で64年目となるらいだが、建物も味もそのまま。ペリカンのトーストも、今ではらいの看板メニューだ。パンをカリッと焼いて、ハチミツと合わせた一見シンプルなメニュー。ユニークなのは、トーストに直接ハチミツをかけるのではなく、別のお皿にハチミツを入れて提供していること。トーストをちぎってハチミツにつけて食べるので手がベタベタにならないし、プレーンなパンそのものの風味も楽しめる逸品だ。

初代店主は「流行を追うのではなく、

ペリカンのパンを使ったバタートースト。希望すれば、別皿ではちみつを用意してもらえる。

らい

住所	東京都台東区三筋2-24-10
電話番号	なし
営業時間	9:00〜17:00、18:00〜23:00
定休日	不定休
アクセス	都営大江戸線新御徒町駅から徒歩4分、都営大江戸線蔵前駅から徒歩5分

気がついたら最先端にいた」と話していたという。いち早くペリカンのパンや高性能なスピーカーを取り入れたりと、先見の明があったに違いない。しかしながら、それらは単なる流行の先端ではなく、らい独自の魅力になっていると思う。

ここ数年、おしゃれなカフェが建ち並び変わりゆく蔵前の中でも、らいはこのままであり続けてほしい。〝おしゃれ〟や〝新しい〟や〝レトロ〟といったカテゴライズされた価値観ではなく、「らい」というタイムレスな魅力になるだろう。この建物も、どうかこの魅力を残したままであってほしい。吹き抜けから見下ろす景色に再度ため息をつき、食後のコーヒーを飲み干した。

茶亭 羽當

渋谷

アンティーク品に囲まれた厳かな雰囲気と、カウンターに並ぶ600以上のカップが圧巻の光景。渋谷にいることを忘れてしまう落ち着いた店内で、安らぎのひとときを。

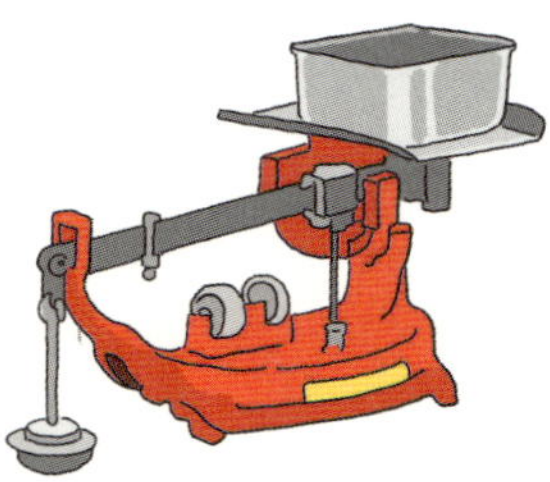

レジの横に置かれるレトロなはかり。重りで量る昔ながらのスタイルがかっこいい。

コーヒーを淹れる寺嶋さん。この目の前の席が特等席かも…？

冷蔵庫。シフォンケーキなどのスイーツが並んでいて、見ているだけで美味しそう！

喫煙室。以前は全面喫煙可能でしたが、分煙となりました。

出入り口へ

こちらの棚に置かれた小物たちもとてもユニーク。特に右側に吊るされている人形が目を引きます。

天井にいくつか吊るされている球体は，実はスピーカー。羽當ができる前の喫茶店の名残だそうです。

この棚の中には、犬の像やカップ、
本など様々なものが置かれています。
ずらっと並ぶ色とりどりの
カップとソーサーの圧巻です。
取材をした1月末には
ボケの花が飾られて
いました。花は
季節によって
替わります。
4人の女性と
子どもが描かれた
有田焼の大皿。
色鮮やかで
豪奢な
雰囲気
です。
こちらとこちらの壁には
ニッチ(くぼみ)が。どちらのニッチ
にもアンティークの小物が
置かれています。
大きな
観葉植物の
ビカクシダ。
トイレ
テーブルの上の
ランプもかわいい。

アンティークな調度品に色とりどりのカップが並ぶ、都会の癒やし空間

カウンターの上に飾られる青いティーソーサー。どれも絵柄がかわいく、眺めているだけで時が経ってしまう。右上の天使の飾りもさりげないかわいさ。

ほんの少し、渋谷が苦手だ。大好きなお店や街並みも多いが、様々な音と広告に溢《あふ》れるこの街を歩いていると、疲れてしまう。そんな情報が濁流のように流れる街の中で、一切流されず凛としてあり続けるのが「茶亭 羽當」だ。

渋谷ヒカリエから305号線を北上し、ミヤシタパークの近くにある路地に羽當は佇《たたず》んでいる。建物はL字の形になっていて、手前の壁側に大きなカウンター、Lの曲がった先に大きな植物を置いた2つの楕円形のテーブルと、食器や本や置物を飾ったレトロな棚が2つある。ダークブラウンの調度品で統一された空間

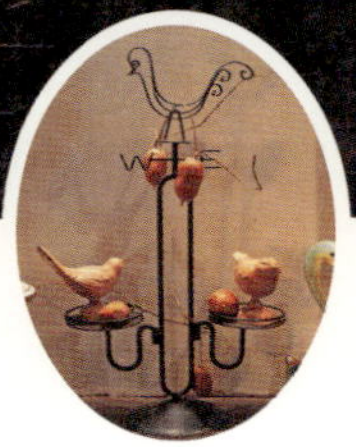

入り口側から見た店内。ダークブラウンで統一された空間にライトを浴びた生け花が存在感を放つ。客席近くの棚に置かれた不思議な置物は鳥と卵がモチーフ。

は、アンティーク家具店に来たような、厳《おごそ》かだが温かみのある雰囲気でホッとする。

羽當で目を引くのが、カウンターの背後に並ぶ色とりどりのカップとソーサー。飲食店では同じ食器で統一されることが多いが、羽當では似た絵柄であっても同じものはほぼない。表に飾られているものは600個ほどで、裏には2000~3000個のカップが控えている。カップは、実は季節やお客さんに合わせて選んでいるそうだ。例えばその人の服装や雰囲気に合わせて。グループ客には同じようなカップにならないように気をつけている。常連さんは使用するカップが似てしまうこともあるが、来るたびに新しい発見をしてもらうため、なるべく被らないようにしているという。

現在、店頭に立って羽當を切り盛りする店長の寺嶋和弥さんが出してくれたのは、赤い実をつけた植物の絵柄のカップ。訪れたのが1月だったので、お正月をイメージした縁起のいい柄を選んだそうだ。寺嶋さんは、そのカップに羽當オリジナルのブレンドコーヒーを淹れてくれた。一口目はとても軽く、そして口に含んでいるうちに深い味わいがじんわりと広がる。純喫茶のコーヒーは深みが強いものが多いけれど、羽當は酸味と苦味のちょうどド真ん中。様々な人の口に合うようにバランス良くブレンドしたというコーヒーは、普段飲み慣れない人にもおすすめできる、飲みやすく優しい一杯だ。

コーヒーをさらに美味しく味わう

飲みやすい自慢のコーヒー

1_入り口近くにある飾り棚。個性的な小物の数々と、美しい松の木が。 2_奥のテーブル席では、大きな植物を眺めながらコーヒーを楽しむことができる。

ために注文したいのが手づくりのスイーツ。人気なのはメープル、紅茶のシフォンケーキ。開店当初から続いているというシフォンケーキは、しっとり感がありつつも生地はしっかりとしていて、そして全く重くない。他にも抹茶、黒糖、バナナ、オレンジなど様々な味があるので、何度来ても楽しめるのが嬉しい。

羽當を知ってから、渋谷で心を落ち着けたいときにはこの場所に来るようになった。どんなに疲れていても、羽當のドアを開けるとフッと心が安らぐ。休日にはしばらく待つ人もいるほど人気なのは、多くの人がその存在に癒やされているからなのだろう。情報が溢れ川のように流れ続ける街の中で、どうか流されず凛として佇む岩のようにあり続けてほしい。

3_コーヒーのお供におすすめのシフォンケーキ。香りのいい紅茶のシフォンが特にお気に入り。 4_お正月らしさを感じるカップ。オリジナルブレンドコーヒーは何杯でも飲める美味しさ。

茶亭 羽當

住所 東京都渋谷区渋谷1-15-19

電話番号 03-3400-9088

営業時間 11:00〜23:00

定休日 なし

アクセス 渋谷駅東口から徒歩5分

この棚の上には様々な純喫茶のマッチ箱が並んでいます。見ているだけでうっとりします。

法政大学の学生が作ったというラドリオの模型。

トイレへ
神保町にまつわるチラシやラドリオかわら版が並ぶ机。

神保町の喫茶店らしい、本が並ぶ棚。お客さんが置いていくこともあり、気づけば本が増えていることも。

壁には松任谷由実さんのサインが。

ユニークな形の柱

ラドリオ

神保町

店名の由来である、暖色のレンガにホッと落ち着く。うなぎの寝床のように細長い店内には、様々な美術品とかわいい小物が。

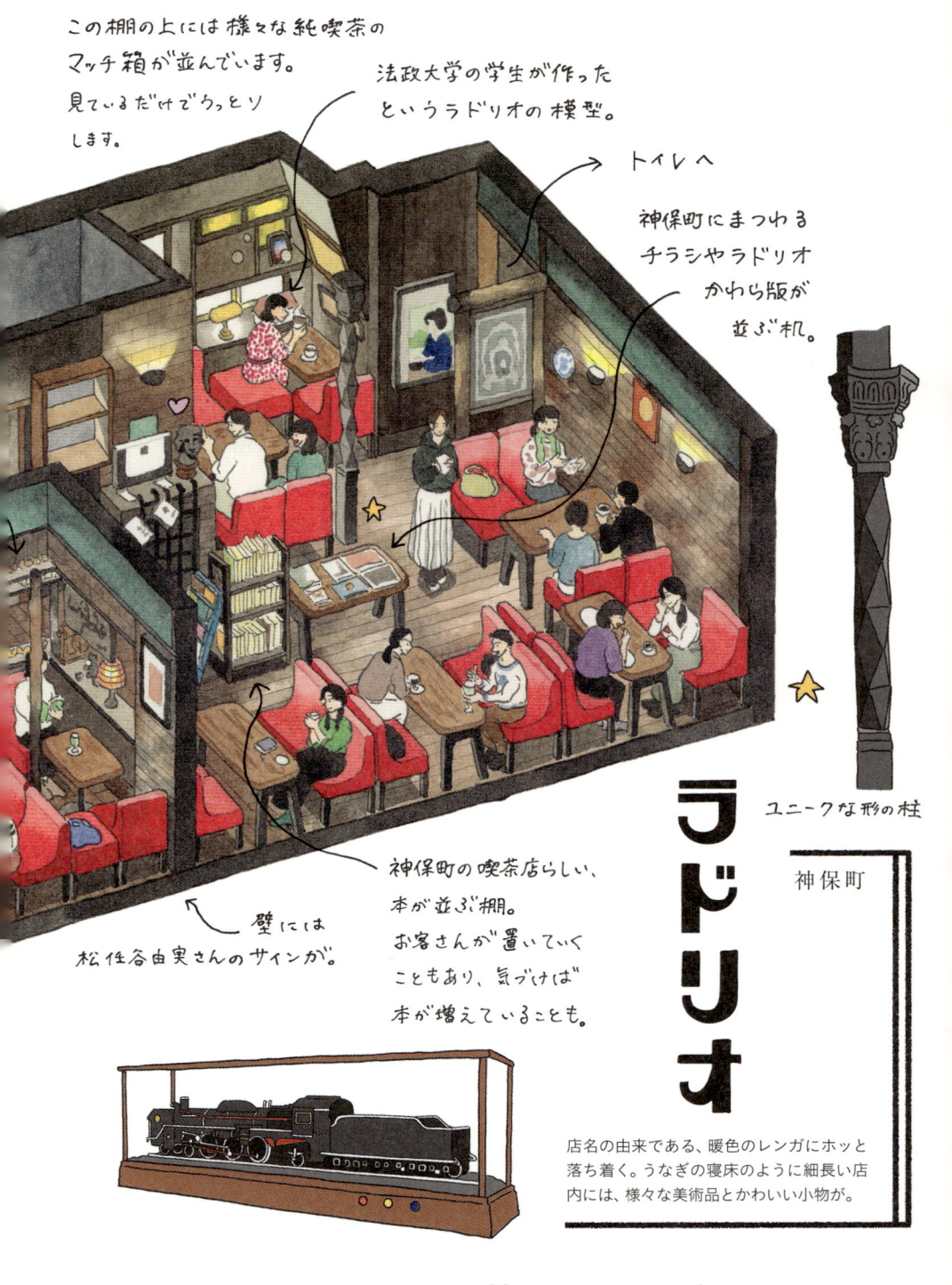

店内には彫刻家の
本郷新氏や昆野恒氏が
作った作品が展示されています。
この彫像は本郷新氏に
よるもの。

こちら側には
路地に面した窓が。
路地の風景を眺め
ながら、のんびりできる席。

こちらから外へ。

くぼみに展示される
電車の模型。俳優の小松政夫さん
が"ラドリオに似合うと思う"と譲って
くれたそうです。

路地から差し込む光が美しい。

日本で初めてウィンナーコーヒーを提供した老舗純喫茶

〝元鶴谷洋服店〟という看板が特徴的な建物を曲がった先にある、細長い路地。長屋の名残のような間口が揃《そろ》った古い建物がいくつか並ぶ下町らしい風景に、その喫茶店は佇んでいる。

すずらんの花の形のポーチライトに誘われ、赤茶色の木のドアを開けると、うなぎの寝床のような空間が広がっている。暗めの色合いで統一された店内を、シャンデリアや山小屋風のランプなど、様々な形の照明が温かく照らしている。

特徴的なのはレンガの床だ。表から続くその床を歩いていると、建物の中なのに外にいるような不思議な

2

1

1_棚で区切られたスペース。一人で読書をするのにぴったりな空間。 2_中央の柱に取り付けられた黒板には、本日のケーキメニューが書かれている。

心地になる。喫茶店の中にいるのに、オープンテラスで神保町の古書店街やレトロな街並みを眺めているような感覚だ。

「ラドリオ」の前身は、本屋だった。初代店主が東大前に本屋を開き、その後2号店として神保町で開店した。やがて大学教授や学生が集い始め、店の一角でコーヒーを提供したことから人々が交流するサロンのようになったそうだ。それがきっかけで、現在の敷地を買い取って1949年に喫茶としてラドリオが始まった。都度、手直しをされているが建物自体はオープン当時のままで、ラドリオという店名の由来となった特徴的なレンガの床や壁も変わっていない（ラドリオはスペイン語で「レンガ」を意味する）。

様々なラベルの酒瓶が並んでいて、まるでバーカウンターのような雰囲気。ビールからウィスキーまでお酒メニューも豊富に揃う。ラドリオ特製カクテルも人気。

少し苦めのコーヒーの上に生クリームがぽっかりと浮かぶ、ウィンナーコーヒー。実はこのコーヒーを日本で初めて提供したのは、ここラドリオなのだ。創業当時、常連客だった東大の教授がウィーンで飲んだという「生クリームをこんもりとのせた美味しいコーヒー」の話を聞き、生まれたそうだ。

カップの中に、天を目指すように生クリームがトグロを巻く。形を壊さないようにスプーンで軽くクリームを押さえつつ、カップの端からコーヒーを一口。もったりとしたクリームの甘さの後に、やや薄めのコーヒーの味わいがじわりと広がる。次はクリームを少し崩して、コーヒーに沈めて飲んでみる。とろけたクリームが泡のようになって、ふわふわ

レンガ調の店内が心地よい

店内から入り口側を見て。ガラスから差し込む光がレンガの床に反射して美しい。まるでレンガの道のよう。

名物ウィンナーコーヒー。こんもりのった生クリームは思わず写真に撮りたくなるかわいさ。スプーンでかき混ぜるのも、先にクリームだけを味わうのもよし。

ラドリオ

住所　東京都千代田区神田神保町1-3
電話番号　03-3295-4788
営業時間　11:30〜22:30（月・水〜金）、12:00〜19:00（土・日・祝）
定休日　火曜日
アクセス　東京メトロ・都営地下鉄神保町駅から徒歩2分

した食感がたまらない。苦さと甘さの塩梅《あんばい》が絶妙で、コーヒーが苦手な人も癖になりそうな飲みやすさだ。

ウィンナーコーヒーを飲み干し、ため息をついてもう一度店内を見回した。細長くレンガで彩られた空間。そこを店員さんがテキパキと歩き、赤いシートの席では本を読んだり、ノートに何かを一心不乱に書いている人の姿も見える。やはり、神保町の街から続く道の上でくつろいでいるような感覚になる。それが心地よく、神保町という街に抱かれているような安らかさがある。

時代を経て変わりゆく、神保町の街を眺め続ける純喫茶。ラドリオは、この先も〝神保町らしさ〟を味わえる場所だろう。

珈琲屋 からす

津田沼

林のように並ぶ柱に囲まれたソファ席で、心地よいひとときを過ごして。かまぼこ形の窓から見えるバラの景色は、お店自慢の眺め。

門番のように置かれる2体のトーテムポール。

レジ前やエントランスわきでもお客さんの作品を販売しています。

こちらにはアフリカの民芸品を思わせる置物がずらりと並んでいます。

かまぼこ形の特徴的な窓。バラのシーズンには30〜40種類のバラを眺めることができます。

窓際には音楽を奏でる愉快な置物たちが。お客さんの作品だそうです。

取材をした2月にはお雛様が飾られていました。季節に合わせてお客さんが飾りつけをされているそうです!

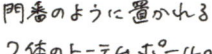

エントランス上部には
車輪形の照明が。
KEY COFFEE
の"かうひい異名
熟字一覧"。
あらゆるコーヒーの
呼び名が一覧式
に書かれた木の板。
手彫りのメニュー
が吊るされています。
レモンスカッシュ ¥500
コーラ・ミルク
ソーダ水 各¥400
フロート 各¥700
トイレへ
お客さんが作った小物や
置物が販売されているコーナー。
猫の小物が多かった…!!

かまぼこ形の窓の横の席。この座席のテーブルは、実は以前の店舗で使われていたテーブルの一部。重厚感がある立派な木が使われている。

満開のバラが咲き誇る 三角屋根のアットホームな純喫茶

「珈琲屋からす」に出会ったのは年の暮れの頃だ。

駅前は年末とあって大荷物を抱えた人々が慌ただしく行き交い、頬を刺す冷たい風がビュービュー吹き荒れている。心も体もなんだか落ち着かない。そんなクサクサした気分のときに三角屋根の温かな雰囲気の建物が見えた瞬間、ふっと心がほぐれるのを感じた。

少し薄暗い店内に入ると、出迎えてくれたのは2体の木彫りのトーテムポール。純喫茶にトーテムポール。この組み合わせ、どこかで見たことがあるような……？　店内はほぼ正方形で、壁側にソファ席が5セット、

1_歴代のマッチ箱。デザインが豊富で見ているだけで楽しい。 2_5月から秋にかけて、お店の周りを30〜40種類のバラが咲き誇る（店長撮影）。

中央に3セットで計24席。いくつかのソファ席はボックス席のように柱で区切られていて、立ち並ぶ柱の間を通るとまるで林の中にいるような心地になる。

色紙やかわいいイラストで彩られたメニュー表から選んだのは、ツナトーストとシナモントーストに、ココア。寒い日にぴったりな、お腹を温める組み合わせだ。パリパリに焼き上げられたツナトーストは、一口かじると小気味のいい音がする。香ばしいトーストの味を感じた後、しっとりとしたツナの優しい味わいがふわっと口に広がった。マヨネーズとツナと玉ねぎのシンプルな具材だが、昔お母さんが作ってくれたような優しさと懐かしさがある。

シナモントーストはホイップがつ

初代店主の師匠はあの喫茶の店主

3_入り口を見守る勇ましいトーテムポール。お店の創業時の逸話にその秘密が。 4_入り口近くの棚には、お客さんが手作りした小物の数々が。これらは購入可能。

けられたデザート系の一品。バターがしみしみのトーストにたっぷりのシナモン。さらにホイップをのせれば、甘さとコクのあるうま味で脳がとろける。ツナトーストとシナモントースト、しょっぱさと甘さの最高のマリアージュだ。

珈琲屋からすは、実は3度店を替えている。初めは、京成津田沼駅近くのビルの2階にテナントとして。1963年に創業し、8年ほど営業した後、1971年頃に今のスタイルの前身となる一軒家に移転し、再オープン。さらに1978年には、JR津田沼駅南口にあった商業施設「サンペデック」にテナントの店舗もオープンした。施設の開業時に開店し、20年一軒家のからすを運営しながら20年ほどテナントの店舗も営業していた

甘さと爽やかな香りがクセになるシナモントースト。トーストのメニューが豊富なのも魅力の一つ。朝ごはんはもちろん、おやつとしても。色んな楽しみ方ができる。

珈琲屋からす

住所　千葉県習志野市津田沼5-6-17

電話番号　047-454-0333

営業時間　10:00〜19:00(月〜金)、12:30〜18:00(土・祝)

定休日　日曜日、ほか不定休あり

アクセス　京成津田沼駅南口から徒歩3分

そうだ。そして、道路計画に伴い1995年に今の場所に移転し、現在の形になった。

初代店主は喫茶店を作るにあたって、神保町の「さぼうる」(P94)の初代マスターである三浦守さんにコーヒーや経営について教わったそうだ。入り口のトーテムポール、メニューが書かれた木製の板、からすのロゴ、マッチケースなど、すべて三浦さんの手によってデザイン・制作された。

ルーツは同じでもその後は全く違う2つの店は、生き別れた兄弟のようなものかもしれない。いつか、2つのお店の人が巡り合えたらどんなことが起きるだろう。そんな〝兄弟〟の再会に少し妄想を膨らませて、温かな家のような場所を後にした。

コンロエリアは建物が少し突き出ています。出窓のような空間に調味料がずらり。

ここにも金魚鉢。

こちらから表の商店街へ。

出入り口の柱には昔ながらの電話が。

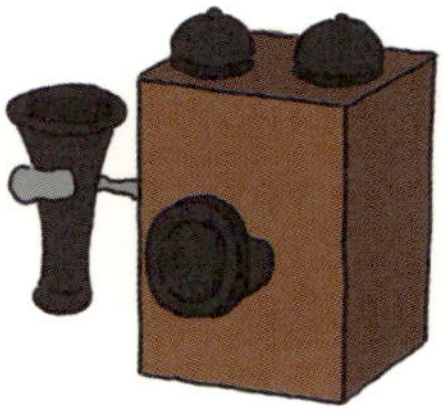

椅子がバラバラなのも七つ森の魅力。出入り口側の赤いソファは京都で買ったものだそうです。

高円寺

珈琲亭
七つ森

七つ森は照明も個性的。様々なランプが店内を照らします。今も極力電球を使っているとのこと。

味わい深い小物やかわいいランプが並ぶ、レトロでシックな喫茶店。店内に隠れる小物を眺めるうちに、知らず知らず時が過ぎてゆく。

上の棚には色んな小物が。
花瓶、酒瓶、ガラスの瓢箪,
陶器，種類は様々。
ここにある
ランプもかわいい。
こちらからトイレ
と勝手口へ。
このソファの後ろがくぼんだ空間
になっていて、日本人形などが
飾ってあります。
このガラス棚の中には
だるまや食器、グラスなど
あらゆる小物が並んでいて、
まるで骨董市のよう。
配線を壁の裏側に
埋め込んだスピーカーは
今も現役。
タイプライター

“ご縁”を大切にする レトロシックな純喫茶

かつて5年間住んでいた高円寺を、一言で表すなら“温かな混沌”の街だと思う。

道のド真ん中で将棋を指す若者がいたり、年に4回も開催されるお祭りは街ぐるみで熱狂し、知らないおばあちゃんから突然挨拶される。無秩序で、やかましく、情に厚く、お節介焼き。そんな街が心から好きだった。

高円寺に越してまもない頃、街を散策する中で「珈琲亭 七つ森」に出会った。長屋のような細長い構造で、右手にはカウンターつきのキッチンがある。その店の中にガラス瓶や壺、タイプライター、金魚鉢など多種多

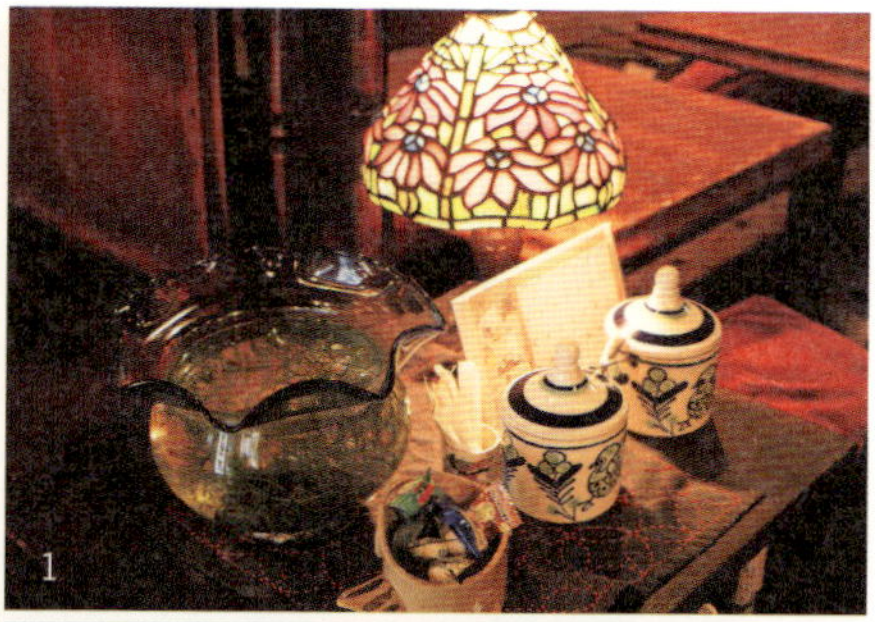

1_座席脇にある台には、レトロなランプや金魚鉢が。 2_メニュー。七つ森のロゴとフクロウのイラストが絵本のようなかわいさ。

様な小物がひしめき合う。なんて愛おしい混沌さ！　まるで、美しい宝石がぎゅうぎゅうに詰まった宝箱を見つけたような心地だった。

七つ森の創業は1978年。茶葉の販売を行っていた長屋造りの建物を、今の形へと作りかえた。以前はコピーライターとして働いていた店主は、喫茶店を「場所」「味」「雰囲気」の3つを提供する場として捉え、様々な工夫を凝らした。特に、開店当初は食に対する安全性が問われる時代だったので、〝安心・安全なものを提供したい〟と無農薬の野菜を取り寄せ、今も努力を重ねている。

メニューの多くは開店当初から変わっていないが、ご飯ものは30年前から徐々に増えてきた。オムごはんもそのうちの一つだ。

店内奥から入り口側を見て。格子が入ったガラス戸から差し込む光が店内を照らし出す。コーヒーを飲みながらこの光を眺める時間がお気に入りです。

オムごはんは、名前の通り普通のオムライスとはちょっと違う。たけのこや牛肉が入ったしぐれ煮を混ぜたご飯の上に、楕円形のオムレツがポテッとのっている。

極めつきは、オムごはんと共に提供される山椒。これをパラパラとオムレツの上にふりかけ、オムレツを崩しながらご飯と一緒に口に運ぶ。バターがふんだんに使われたオムレツの、とろんとしたうま味。やや甘じょっぱい味つけのしぐれ煮入りのご飯と、驚くほど相性がいい。そして、アクセントとなるのが山椒のピリリとした刺激。これがオムレツとしぐれ煮の組み合わせにピッタリで、山椒があるのとないのとではまるで違う。

さらに七つ森で特筆したいのは、

何度でも食べたくなるオムごはん

奥側のソファ席。やや黄色みがかった壁と、お花のようなランプがノスタルジックな雰囲気を醸し出している。椅子が不揃いなのも魅力的。

リボンがついたお釣りの5円玉。

七つ森のメニューはすべて価格の末尾が5になっている。あえてそうしているのは、お釣りに5円玉を渡したいから。

「お財布の中にリボンの5円玉があれば、こんな店があったと思い出してもらえる」という店主の計らいから取り入れられたのだが、私はそこに温かさを感じる。5円には、〝ご縁がある〟という意味合いもある。根底にはそんなお店側からの優しさがあるのではと思うのだ。

混沌としており、でも根底には優しさが流れる。七つ森は、そんな高円寺を体現するようなお店だ。今後、近くの街に引っ越す予定がある。そのときにはまた何度も足を運び、この混沌に浸りたいと思う。

しぐれ煮を混ぜたご飯の上にポテッとオムレツをのせたオムごはん。トッピングの山椒の量で少し味が変わるので、何皿でもおかわりしたくなる中毒的な魅力がある。

珈琲亭 七つ森

住所 東京都杉並区高円寺南2-20-20
電話番号 03-3318-1393
営業時間 10:30〜23:00
定休日 なし
アクセス 東京メトロ新高円寺駅から徒歩4分、JR高円寺駅から徒歩9分

こちらも看板メニューの一つ、カスタードプリン。少し硬めのプリンは甘さ控えめで、食べ応えのある大きさ。

Column1

純喫茶図解ができるまで

Junkissazukai

純喫茶図解は、〝アイソメトリック〟という斜め上から見下ろすように建物を描く図法を使っている。

ここでは、1枚の純喫茶図解ができるまでの大まかな制作工程を解説する。

1 取材

電話やメールで取材を申し込み、当日は開店の1時間ほど前にお店に伺い、取材を行っている。まずはメジャーとレーザー測定器で建物や店内の家具を測量。図解の資料用にiPhoneで写真を150〜300枚ほど撮った後、記事に掲載する写真をデジタルカメラで撮影する。その後は、お店の方に30分ほどお話を伺う。ひと通り取材が終わったところで、念願の実食タイム。お店を代表するおすすめの料理やドリンクをいただく、至福のひとときだ。

2 下書き

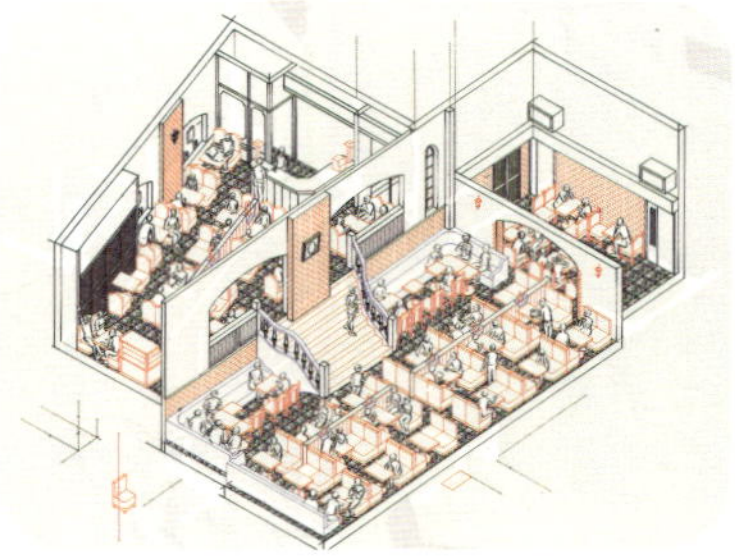

測量した際のメモをもとに、縮尺を決めてフリクションペンで下書きを描いていく。線が重なって見えにくい部分があるので、フリクションペンは2色使用する。建物の大枠が描けたところで、スキャンしてiPadに取り込み、デジタルで作画を進める。純喫茶図解では、同じ形の椅子や机が多いので、コピー＆ペーストができるデジタル作画と相性が良い。資料用の写真を参考に、建物の細部や家具を描き込み、最後に人を描いて完成だ。

3 ペン入れ＋着彩

デジタルで描いた下書きを出力し、トレース台にのせて水彩紙を重ね、描き写していく。店内の小物やテーブルの上の食べ物など、下書きで描ききれなかったものはここで描き足す。最後に、透明水彩絵具で着彩。資料用の写真を参考に、写真よりやや鮮やかに色をのせていく。特に、窓からの光や細かなタイルの模様、暗がりの再現などに苦心した。余白がなくなるまで描き込み、完成。5〜10日かけてようやく1枚の純喫茶図解が出来上がる。

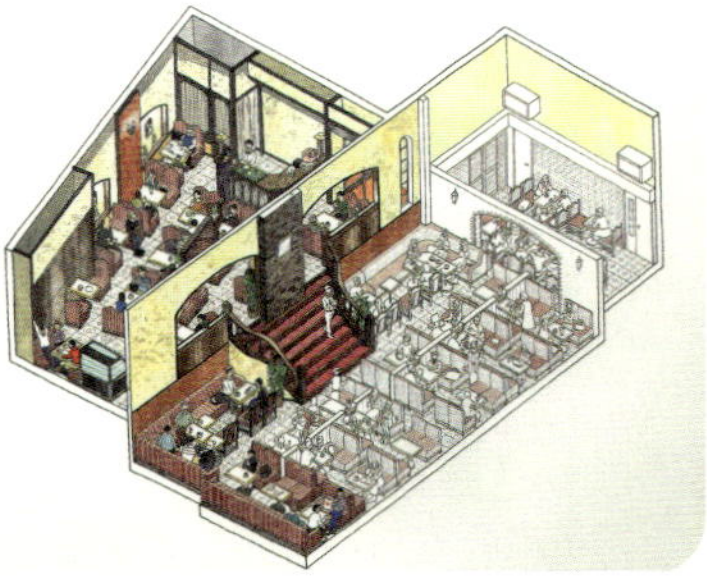

第2章

豪華絢爛な純喫茶

きらびやかなシャンデリアに個性あふれる床タイル、大きな暖炉に繊細なステンドグラス……。

贅を尽くした空間で、優雅な気分を味わって。

こちらのコーナーは
鏡で仕上げられています。
西洋画風の銅板
レリーフ。女性に
もたれかかる兵士が
描かれています。
かわいらしいタータンチェックの
制服！男性は黒シャツにズボン、
女性は黄色いシャツにスカート
です。デザインは創業時のまま
とのこと。
頭上を飾るのは華麗な
二重のリングシャンデリア！実はパンダ
が隠れていることもあります。探してみて！

上野

Coffee Shop ギャラン

二重のリング形シャンデリアに花柄タイル、赤いソファが並ぶ75席。目に映るすべてがきらびやかで、贅沢な空間に浸れるひとときき。

キッチン。黄色みがかった家具と壁で構成されています。
にじり口のような小さな勝手口からこちらに入ります。
エレベーター、トイレへ
ギャランの入り口は1階。階段で2階に上がり、半円形の自動ドアから中に入ります。この階段室も赤レンガ調でかわいいです。
燃えあがる炎のようなデザインの照明
Coffee Shop ギャラン
壁はレンガ調で仕上げられています。窓側は緑、階段とエレベーター側は赤、キッチンは黄で統一されています。
花柄のような愛らしいタイル。カウンターにも色違いのタイルが並べられています。
カウンターのタイル
この2面は窓になっています。

昭和にタイムスリップした気分になれる豪華絢爛な空間

1_階段脇の壁には豆電球で彩られた店名がキラキラと輝く。 2_入り口脇にあるショーケースには色とりどりのパフェが並ぶ。 3_オリジナルのコースターとマッチ。ストライプ柄がおしゃれ。

朝の上野駅は、11路線が走る東京のターミナルとは思えないほど静かだ。夜に来れば酔いそうなほど人がいるアメ横も、すっかり静まり返っている。一日の始まりというよりは、終わりに近い様子のその街を歩いていくと、雑居ビルの入り口にあるきらびやかな電飾で彩られたレンガ造りの階段が目に留まる。階段の横にはパフェやオムライスなど食品サンプルが並ぶショーケースがあり、見ているだけでよだれがじんわり溢れ出る。電飾が輝く〝Coffee Shop ギャラン〟の文字に誘われるように、その階段を上った。

階段の先にあるユニークな半円形

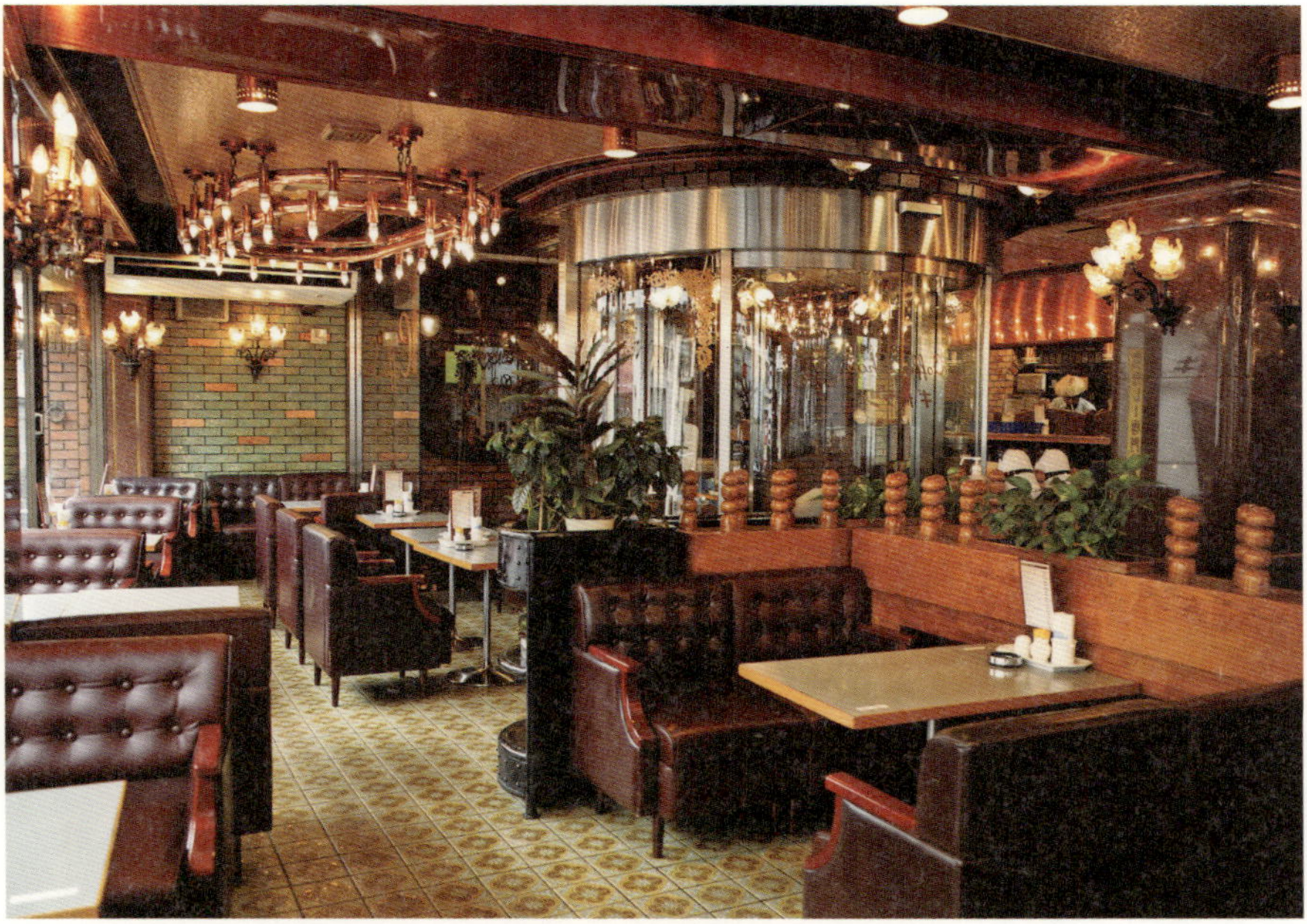

窓側から入り口を見て。半円形の自動扉、二重リングのシャンデリア、深いえんじ色がシックなソファ、個性的な花柄のタイル。どこを取っても絵になる光景。

のドアが開くと、豪華絢爛な空間が広がっていた。レンガの壁に花柄の茶色いタイルの床、リング形のシャンデリア、深いえんじ色のソファ。そしてBGMは80～90年代の懐メロPOP。あれ、今は昭和何年だったかな。とても令和とは思えない昭和そのままの異空間に懐かしさとワクワクした気持ちを感じてしまう。

Coffee Shop ギャランは1977年に開店した純喫茶だ。初代オーナーから受け継ぎ、今は2代目オーナーが経営している。建物はほぼ開店当時のままだが、元々は噴水もあったそうだ。このバブルをも感じさせる雰囲気にぴったりな店名の「ギャラン」は、初代オーナーの愛車「三菱ギャラン」にちなんでいる。

通り側の窓際の席に腰掛けて、店

内をぐるりと見渡してみる。スマホに夢中な若者、新聞と睨めっこしているサラリーマン、旅行中らしく大きなスーツケースを傍らにトーストを頬張る家族連れ。年齢も服装も職業も異なる人たちが、思い思いの時を過ごしている。半分ほどの席が埋まっていたが、穏やかでどこかまったりとした雰囲気が流れていた。

「お待たせしました」。頼んでいたトーストがやってきた。白いお皿の上に5センチ以上のぶ厚いトースト、バターとジャム、ブルーベリーソースがかかったヨーグルト、コールスローがのっている。

朝から元気をもらえること間違いなしのボリューム感だ。トーストの厚さに圧倒されながらも端から口にしてみると、サクッとした食感の後

ボリューム満点の厚切りトースト

ガラス越しに窓側の席を見て。階段室のガラスにはゴールドの店名ロゴが入っている。ガラスに反射した照明とロゴが重なり合い、幻想的でエレガントな光景。

に小麦のうま味が広がる。あっさりとしてシンプルな味わい。だからこそコクのあるコールスローとの相性も抜群で、ジャムやバターをつければ味が変わり、パクパク食べられてしまう。食べ切れるか不安だったけれど、気づけばペロリと平らげていた。

ふくふくになったお腹をさすりながら窓から通りを眺めてみる。時刻は9時に差し掛かっているが、道ゆく人は少なくシャッターは閉まったままで上野の一日はまだ始まっていない。一方で私の寝ぼけた頭は、のんびりした空気に癒やされ、ボリュームたっぷりの朝ごはんをチャージして霧が晴れたようにスッキリしている。さて、今日は何の絵を描こうかな。まだ眠りについている街を通り抜け、軽い足取りで駅に向かった。

缶詰のみかんがふんだんにのったパフェ。甘すぎないクリームで、パクパク食べられてしまう。人気のクリームソーダとも相性抜群。

Coffee Shop ギャラン

住所 東京都台東区上野6-14-4

電話番号 03-3836-2756

営業時間 8:00〜22:30

定休日 無休

アクセス JR上野駅広小路口から徒歩2分

銀座

トリコロール 本店

優美な金色の回転扉を抜けると、1階はカウンターのあるバーの雰囲気、2階は美しい絨毯が広がる気品漂う空間が待っている。

2階の
シャンデリア。

優雅な気分に
なれるロココ調の
椅子。

ひざかけが置いて
ありました。嬉しい
心遣い。

クリスマスの時期は
大きなツリーが
飾られていました。

暖炉。使うことは
できないそうです。

鮮やかな青が特徴的な絨毯。
模様もユニークです。

燭台風の照明
が美しい。

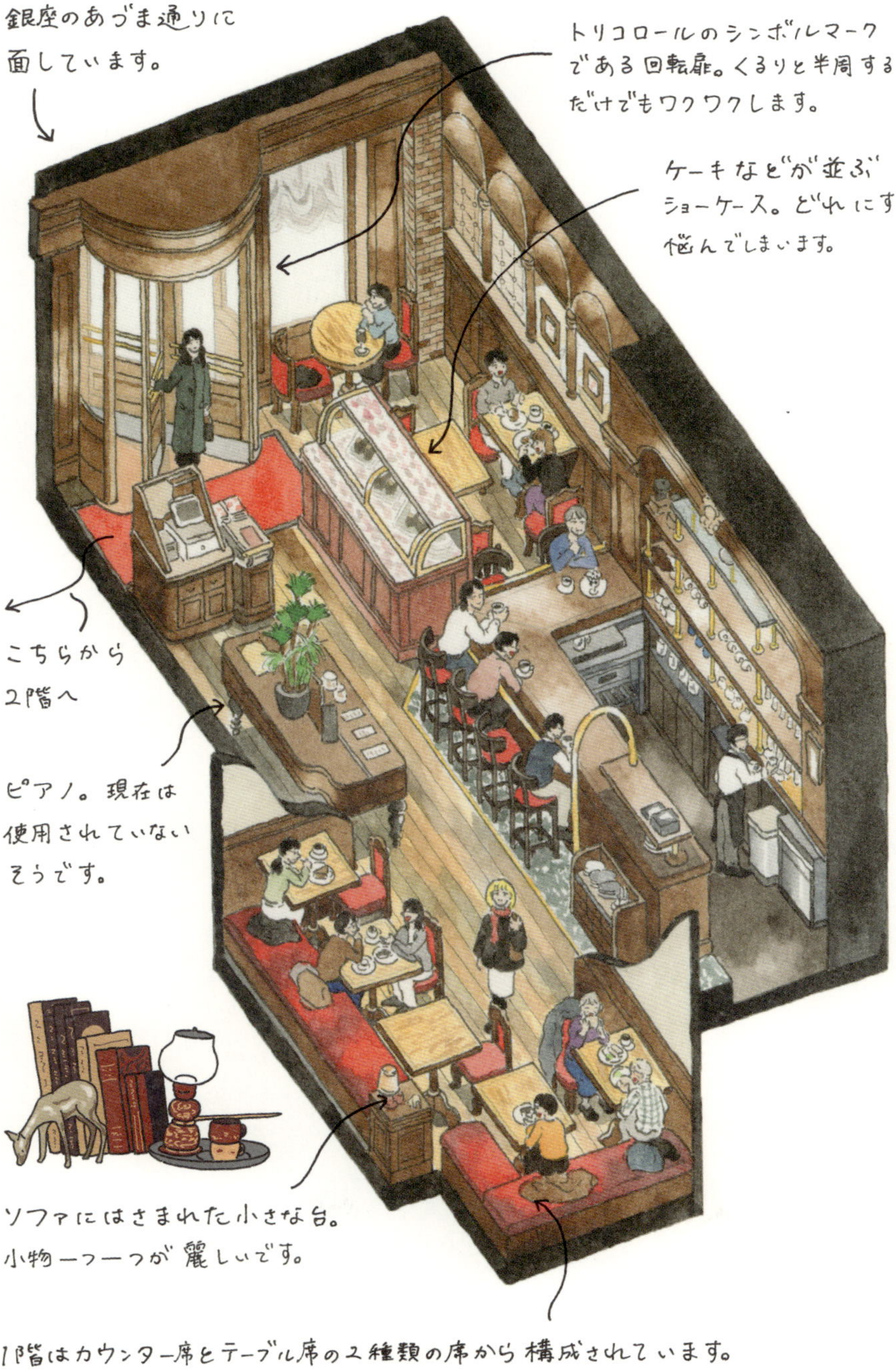
銀座のあづま通りに
面しています。
トリコロールのシンボルマーク
である回転扉。くるりと半周する
だけでもワクワクします。
ケーキなどが並ぶ
ショーケース。どれにするか
悩んでしまいます。
こちらから
2階へ
ピアノ。現在は
使用されていない
そうです。
ソファにはさまれた小さな台。
小物一つ一つが麗しいです。
1階はカウンター席とテーブル席の2種類の席から構成されています。

Tricolore

レンガ調の美しい建物に回転扉が目を引く老舗喫茶店

東京の繁華街の一つである、銀座。高級百貨店やハイブランドの路面店が集まり、自慢の一張羅を着て遊びに行くような上品な街だ。最新の商品が集まる場所でありながら、意外とレトロな建物も多く、路地裏を歩いていると驚くほど下町的な景色に出会うこともある。

上品な装い、街の随所から感じられる歴史の深さ、そして根底には人情味ある温かさ。これが銀座の特徴だと私は感じている。

「トリコロール 本店」は、そんな銀座らしさを体現する純喫茶だ。1936年、コーヒーを普及させることを目的に、初代店主の柴田

青い絨毯が特徴的な2階。美しい装飾が施された座席、きらびやかなシャンデリア、大きな暖炉。サロンのようにゆったりくつろげるスペース。

文次氏が創業した。現在の建物は1982年に改装されたもので、特徴的な出入り口の回転扉はこの時に取り付けられた。冬は寒風を防ぎ、夏は冷房が利くようにと取り入れられたそうだが、すっかりトリコロールの顔になっている。

トリコロールは2階建て。1階は板張りの床と、奥にあるカウンターが印象的なパーテイストな雰囲気。2階は目の覚めるような青の絨毯が敷き詰められた洋風の空間だ。窓際の席に腰掛けて天井を見上げると、陽が差し込む天窓が目に入った。建物の敷地があまり大きくなかったので、天井をできるだけ高くとり、天窓を設置したそうだ。その気遣い通り、コンパクトな敷地でも、のびのびとした心地よさが漂っている。

1階の左手にはバーカウンターがある。カウンター席は目の前でコーヒーを淹れる様子が見られる。右手奥の壁にはスノードームの絵柄がかわいいエルメスのスカーフが。

注文したのは、アップルパイにエクレア、そしてコーヒー。アップルパイは店内でりんごの皮をむくところから作っているトリコロールの名物だ。黄金色のパイに包まれたやや大きめのりんごは、シナモンが香るまろやかな味わい。口当たりはしっとりとしていて、生クリームと合わせると止まらなくなる美味しさだ。

3口で食べ切れてしまうかわいいサイズのエクレアは、プレーンとチョコレートの2種類のセット。注文後にクリームを詰めているので、生地がサクサクしており、甘さ控えめで口あたりが軽いクリームと相性抜群だ。トッピングは小粒のナッツ。カリカリ感が絶妙で、プレーン、チョコ、ナッツつき……と何度も変化を楽しめるのがたまらない。

何度も食べたくなる絶品スイーツ

1_2階の壁側に置かれたキャビネットと鏡。キャビネットは波打つような不思議な形。
2_2階へ続く階段。満席の際は、この椅子に座って順番待ちをする。

そして、この絶品スイーツをさらに美味しく引き立てるのが、コーヒーだ。中南米の標高が高い山岳地帯で収穫した豆を強めに焙煎した〝アンティークブレンド〟は、雑味がなくて味わい深く、それでいて最後にやや酸味がある飲み口が魅力だ。

何年経っても〝美味しい〟と思えるたしかな味わいと、上品さを感じる盛り付け。そして、その根底にある優しい味わい。それはまさに銀座の特徴そのままだ。もし私に海外の友達がいて「銀座を案内してほしい」と言われたら、必ずトリコロールに連れて行くだろう。街並みを散歩したり、百貨店を巡るのもいいが、この美しい喫茶店でスイーツとコーヒーを味わう時間が最も銀座らしいと思う。

名物のエクレア。稲妻をイメージしたジグザグの薄いチョコが添えられている。お好みで白いカップに入ったナッツをかけて食べると、食感にアクセントが加わりさらに美味しい。

トリコロール 本店

住所　東京都中央区銀座5-9-17
電話番号　03-3571-1811
営業時間　8:00〜19:00
定休日　火曜日
アクセス　東京メトロ銀座駅または都営地下鉄・東京メトロ東銀座駅から徒歩3分

上野

古城

きらめくシャンデリア、古城を描いたまばゆいステンドグラス、鮮やかなタイルの床。中世のお城に迷い込んだような非日常空間へようこそ。

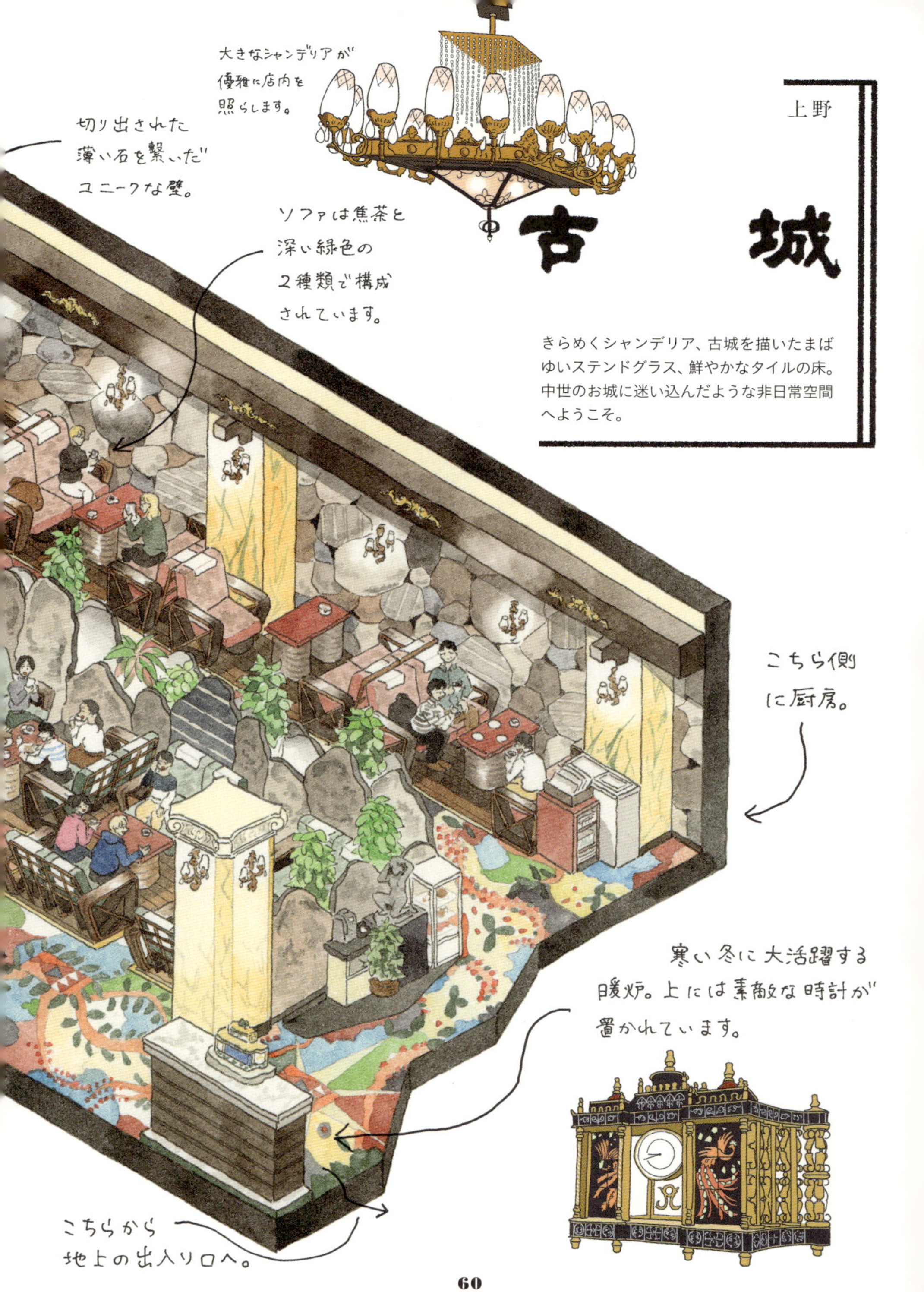
大きなシャンデリアが
優雅に店内を
照らします。
切り出された
薄い石を繋いだ
ユニークな壁。
ソファは焦茶と
深い緑色の
2種類で構成
されています。
こちら側
に厨房。
寒い冬に大活躍する
暖炉。上には素敵な時計が
置かれています。
こちらから
地上の出入り口へ。

"古城"のような風景を
描いたステンドグラス。
裏からライトアップされていて、
ひときわ目を引きます。
一段上がったステージの上に鎮座するエレクトーン。
カラフルで
かわいらしい床の
タイル。古城のロゴが
とってもキュート。
KOJYO
こちらの壁
には不思議な
ツタンカーメン
のオブジェが!
トイレへ。

豪奢なシャンデリアにステンドグラス……上野の地下に潜む、宝石箱のような空間

上野は東京随一の純喫茶激戦区だ。「丘」「ギャラン」「王城」と、ゴージャスな雰囲気の純喫茶が林立し、「喫茶 古城」もそんな純喫茶の一つ。上野駅浅草口から飲食店やオフィスが入ったビルが並ぶ路地を歩いていくと、「Kojyo」と書かれたネオンが視界に入る。ネオンに誘われるように地下へ下りる階段に向かうと、もうすごい。豪華な大理石の壁、壁に貼られたライオンのブロンズ彫刻、そして階段の上に馬に乗った主と従者を描いたステンドグラスが掲げられている。階段から既に古城の世界は始まっているのだ。

低めの高さのテーブルは、YAMAHA製。細かなチップを入れて作られているそうだ。店内に並ぶソファの多くは、昭和初期に流行した「ロマンスシート」と呼ばれる２人がけの席。

古城名物、ヨーロッパの城内を描いたステンドグラス。薄暗くなりがちな地下を広く見せるために、店奥にこの明るい装飾を取り付けたそうだ。

地上からは想像できない広々とした地下を見渡すと、すぐさま目に飛び込んできたのが城内の様子が描かれたステンドグラス。まさに古城の代名詞といえるそれは、やや暗い店内をひときわ明るく照らしている。

壁は切り出した石、大理石、タイルなど複数の素材で造られていて、照明は豪華な飾りのランプと、小さなランプが複数連なる特別製のシャンデリア。さらに床は一言では形容できない絵柄が色鮮やかなタイルで構成される。床、壁、調度、照明、どこを見ても初めて目にするものばかりで頭が追いつかない。この圧倒的な情報量と凝縮された世界観が、古城の魅力なのだ。

古城の始まりは1回目の東京オリンピックの前年にあたる1963年。

初代店主の松井省三さんは別の場所でレストランを経営していて、喫茶店も好きだからとこの古城をオープンさせた。実は古城以外にもサウナやバーなどを経営していたそうだ。松井さんはヨーロッパの雰囲気が好きだったので、そこでよく見かける古城を店のモチーフにした。鮮やかな床のタイルも、松井さんが考えて絵に起こしたという。この店にしかないシャンデリアも特別にオーダーしたもの。多数の店舗を経営する手腕といい、古城の世界観を創り出すセンスといい、只者ではないことがうかがえる。

古城は建物だけでなく食べ物も魅力的だ。中でもおすすめなのは創業当時から変わらないミックスサンドとチョコレートパフェ。ミックスサ

中世ヨーロッパへの憧れを体現

1_お客さんを出迎える階段正面に取り付けられたステンドグラス。 2_階段を下りた先にあるステンドグラス。原画はフランソワ・ブーシェ「ベルジュレ夫人」。

ンドはハム、野菜、たまごを挟んだシンプルなサンドイッチ。ふんわりとしたパンの生地にカラシを含んだバターが塗られていて、ハムやたまごと相性抜群。

チョコレートパフェは、家で母が作ってくれたような素朴で優しい味わいがある逸品。パインとみかん、生クリーム、アイスクリームにチョコレートソースがかかったシンプルな構成だが、だからこそ何度食べても飽きがこない美味しさだ。

家具、内装、料理と、隅々までこだわりが詰まった古城。美しい宝石がぎゅうぎゅうに詰まった宝石箱を眺めているように、いるだけでとても心が満たされる。こんな素敵な喫茶店が地下に潜んでいるのだから、上野はまだまだ面白い。

ハム、野菜、たまごを挟んだミックスサンド。ふわっとしたパンと具材の相性がたまらない。ランチタイムには小さくカットされたランチサンドセットも注文可。

喫茶 古城

住所　東京都台東区東上野3-39-10

電話番号　03-3832-5675

営業時間　9:00～20:00

定休日　日・祝

アクセス　東京メトロ上野駅から徒歩２分、JR上野駅から徒歩４分

インテリアの見どころ

歴史を感じる建物、心地よい音楽、
美味しい料理など純喫茶の魅力は数え上げたらキリがないほど。
ここでは、椅子や照明など、店内を彩るインテリアに着目したい。

椅子

純喫茶の椅子は、座る位置がやや低く座面は広いものが多い。ベルベットなどで仕上げられたソファはなめらかな質感で、中には一度座ったら絶対に離さないぞ！ と言わんばかりに深く沈み込むものも。立ち上がるのが億劫になることも少なくない。

ライオン

座面が低く、背もたれが高めなので、他の人の存在が気にならない。

つるや

曲線が美しい天童木工の椅子。座面が広く食後もゆったりくつろげる。

穂高

鮮やかな苔色のソファ。赤系の椅子が多い純喫茶でこの色は珍しい。

gion

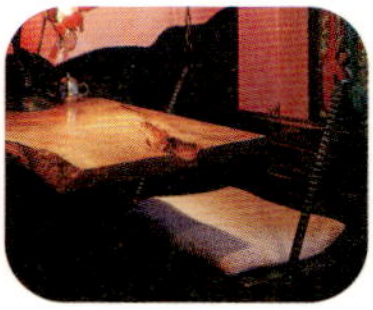

珍しいブランコの座席。スイングするだけで童心に帰ることができる。

照明

店内を印象づける照明も忘れずにチェックしておきたい。オーダーメイドの一点ものや、壊れても修理が難しい希少なランプもある。きらびやかなシャンデリアや温かな間接照明が非日常を演出し、心落ち着く空間を作り出している。

古城

複数のランプが連なる、豪華絢爛な照明。初代店主がオーダーした逸品。

くぐつ草

船に使われる船舶照明。海底の洞窟のような世界観にぴったり。

らい

吹き抜けを美しく照らす、ぶどうの房のようなシャンデリア。

ギャラン

二重のリング形シャンデリア。よく見るとパンダが隠れていることも？

床

店内の大部分を占める床も見逃せないポイント。タイル、絨毯、板張り、レンガなどお店によって材質は様々。俯瞰で描く純喫茶図解では、床の存在感がいっそう際立つ。普段意識することは少ないが、実は床が店内の印象を大きく左右している。

それいゆ

赤が基調の白いバラが描かれた床。他のお店では見たことがない柄。

らんぶる

幾何学模様で構成される不思議な柄のタイル。

ラドリオ

店名の由来であるレンガの床。店内にいながら外にいるような心地に。

トリコロール 本店

気品あふれる鮮やかな青の絨毯。中央にある円形の絵柄が華やか。

第3章

音を楽しむ純喫茶

戦後、家庭にオーディオ機器がなかった時代に流行した〝名曲喫茶〟。
気軽に音楽を楽しめる現代でも、ここでしか体験できない音があります。

渋谷

名曲喫茶
ライオン

道玄坂の繁華街を100年近く見守り続けた名曲喫茶。吹き抜けにそびえる3メートルのスピーカーが奏でる瑞々しい音に聞き惚れて。

手すりから1階を見下ろせます。高い天井から吊るされているのは、豪華なシャンデリア。

3メートルを超える自慢の巨大スピーカー。スピーカーの前にはベートーヴェンらしき胸像、その周りを鯉の置物が泳いでいます。

CDやレコードなどの多種多様な音源が棚にぎっしり並べられています。

こちらから2階へ。

人型のような不思議な形のアーチ。このモチーフは壁の装飾などにも使われています。

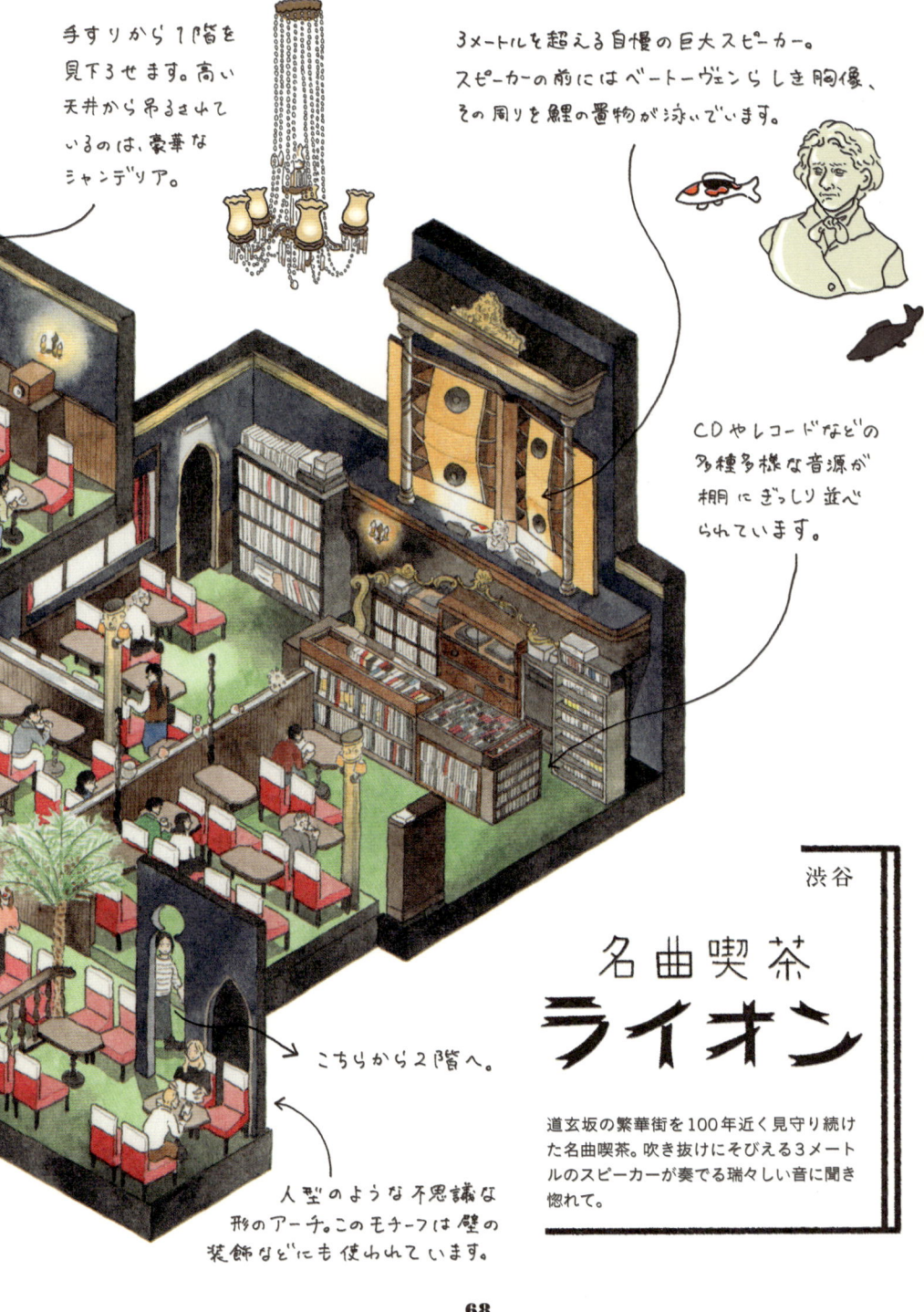

窓際に並ぶ2人がけのベンチ。
ふかふかとしていて、
低めの高さが落ち着きます。
35cm
金色の装飾が
優雅に光る柱で
2階の座席を仕切ります。
こちらにもライオンの
ロゴマークが並んでいます。
スピーカーに向かって置かれた
椅子はすべて同じ赤いチェア。
シンプルでシックなデザインが
魅力的。
出入り口の柵にはライオン
のロゴマークが！訪れた人を
一番に出迎えてくれます。

1階から店奥を見て。セピア調でまとめられた室内には、まるで時が止まったかのような穏やかさがある。スピーカーを支える台の、波打つような装飾も美しい。

昭和元年から渋谷を見てきた名曲喫茶で極上の音体験に浸って

渋谷、百軒店《ひゃっけんだな》。関東大震災後に復興を目指して作られた繁華街で、居酒屋やバー、風俗店が並び、昼でも夜の雰囲気をふんだんに感じられるスポットだ。赤い門をくぐり、道玄坂から横道に入った坂を上った先に、〝名曲喫茶ライオン〟と書かれた看板が印象的な、白いシックな建物が佇んでいる。

こげ茶色の木製のドアを開くと、薄暗い店内に向きが揃えられた赤い椅子がずらりと並んでいる。暖色の照明に照らされるコリント式の柱、落ち着いた室内のアクセントとなるヤシの木、そして奥には2階に通じる吹き抜けの真ん中に大きなスピー

1_2階の階段を登った先にあるスタッフ用のカウンター。メニューや伝票が置かれている。 2_2階の座席横にあるレコードプレーヤー。

カーが鎮座している。繁華街の真ん中にあるとは思えない、どこか時が止まったような唯一無二の空間。それが「名曲喫茶ライオン」である。

ライオンは昭和元（1926）年に開業した。現在の建物は2代目。空襲で焼けてしまったそうだが、近隣地区で最も早く再建された。初代店主の山寺弥之助さんはヨーロッパのバロック建築が好きだったそうで、柱や看板の細工、豪奢なシャンデリアなどにその趣向が発揮されている。

ライオンの顔ともいえるスピーカーは、1952年の改築の際に導入された。国内メーカーで研究開発に関わっていた常連さんが、「音響システムをぜひ担当させてほしい」と言って実現された。大きな4つのスピーカーは、実は左右非対称。オーケ

臨場感あふれる巨大スピーカー

2階。スピーカーに向かって赤い椅子が規則的に並べられている。一番手前の席がスピーカーに最も近く、音をダイレクトに味わうことができるおすすめの場所だ。

ストラの配置に合わせて、左の小さいスピーカーでバイオリンなどの高い音を出し、右の大きなスピーカーでチェロなどの低い音を出すことで、モノラル音源が立体的に聞こえるように工夫している。

ライオンのスピーカーから奏でられる音には、体を包み込むような大らかさがある。それでいて、飛び跳ねるような高い音は瑞々しく耳に残る。また、激しい音は貫くような強さがあって、どんな音楽も100%を超えた臨場感で再現されている。

また、音だけでなく環境もいい。特に2階席がおすすめだ。規則的に並んだ座席の間を複数の間仕切りが横断しているので、席を選ぶだけでも迷ってしまう。しかし座ってみると、絶妙な椅子の高さや、間仕切りや柱

ふわふわの泡と、優しい味わいが心をいやすミルクエッグ。隣に置いたのは、月毎のプログラム。定時コンサートの演目が記載されている。

名曲喫茶ライオン

住所	東京都渋谷区道玄坂2-19-13
電話番号	03-3461-6858
営業時間	13:00〜20:00
定休日	なし
アクセス	京王井の頭線渋谷駅から徒歩4分、東京メトロ・JR渋谷駅から徒歩10分

のおかげで他の人の存在が気にならなくなる。音楽だけに向き合う心地よい時間を過ごせるのだ。

真ん前から飛んでくる音にうっとりしていると、注文したミルクエッグがやってきた。カップから溢れ出そうなふわふわの泡。牛乳に卵黄を落として作るそうだ。幼い頃、母が作ってくれたホットミルクを思い出す、優しく体を温めてくれる美味しさだ。

ミルクエッグでホッと一息つき、音に抱かれ、歴史の重さを感じる空間に身を委ねる。これ以上癒やされる体験が渋谷にあるだろうか。

2025年は、昭和100年となる。ライオンも同じく創業から100年となるが、都内でも変化が早い街の一つである渋谷で、今後もこの音体験ができることを心から願っている。

ヴィオロン

阿佐ケ谷

地面を掘り下げ、天井に丸みをつけるなど、音づくりに徹した空間。音楽への真摯な想いと師への敬意が溢れる唯一無二の名曲喫茶。

音響のため、天井のカドに丸みがつけられています。

時計や像が飾られる建物の奥のひっそりとしたゾーン。実際には建物の左側部分にあります。

チャーミングなピンク色のおじいさんの人形。

小さなお人形がいっぱい！

1925年製の蓄音機"クレデンザー"。「耳の勉強をしなさい」と美作さんから贈られた名機。毎月第3日曜日にクレデンザーを使ったSPレコードのコンサートを実施しているそうです。

ライブで使われることもあるピアノ。ライブは、火曜日以外の夜に実施されるそうです。

美作さんの友人であり作家の五木寛之さんの生原稿。"美作さんの絵は優しい。"という書き出しで、美作さんについて優しい字で書かれています。

3680mm
850mm
340mm
スピーカーが置かれるエリアが一番低く造られています。
現在使っているアンプ
トイレ
これまで使ってきたアンプと、蓄音機の針が並ぶ棚。右には「ルネッサンス」「でんえん」など他の名曲喫茶のマッチも並んでいます。
レコードタイムのリクエストを募る黒板。聴きたい曲があればこちらへ。
窓際には天使の人形が。
店内には美作さんの作品が多数飾られています。
店内の様々な場所にレコードが置かれています。全部で2000~3000枚あるのだとか。リクエストがなければ、その日の寺元さんの気分で曲をかけているそうです。
出入り口

お手本はウィーンのコンサートホール

1_蓄音機の中。竹針を使うこともあるそうだ。 2_キッチンの奥に置かれる真空管アンプ。もちろんこちらも自作とのこと。

その喫茶店は、ウィーンのコンサートホールの25分の1スケールで造られているという。

コンサートホールの寸法を正確に模し、理想的な音響を実現するために8ヶ月の工事期間を要した。店主である寺元さんの熱意とこだわりについていけず、工事期間中に大工さんが3度も替わったそうだ。音へのひたむきな愛情と、そして師への敬意。それらが詰まった名曲喫茶「ヴィオロン」には、唯一無二の空間が広がっている。

ヴィオロンの始まりは、寺元さんが高校生の頃。九州から上京した寺元さんは、中野にあった名曲喫茶「ク

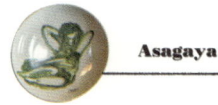

入り口のドアを開けるとこの景色が飛び込んでくる。完成されたレトロな内装、美しい照明、奥に並ぶスピーカーの迫力に、ハッと息を呑む。

ラシック」に出会い、強い感銘を受けたそうだ。そこから毎日のように足を運び、店主で画家の美《み》作《さく》七朗氏と親交を深め、いつしか店のアンプやスピーカーの修理を任されるようになった。

1980年、阿佐ケ谷駅から少し離れた静かな路地沿いにヴィオロンは開店した。寺元さんは大学卒業後に一度は就職するも、クラシックのような音を楽しむための喫茶店を作ることを決意したのだ。自らの耳を育てるため、ヨーロッパ各地のコンサートホールを巡った経験を活かして建物内の音響にこだわり、さらにはオーディオシステムも自ら構築して理想的な音の環境を作り上げた。

細長い形のヴィオロンは、一段下がった長方形の床と、それをコの字

形に囲む床の二層に分かれている。ほとんどの座席は奥のスピーカーに向き合うように設置されていて、ゆったりとしたソファに座った途端に真正面から音が迫ってきた。大きすぎない心地のよい音量で、澄んだ響き。まるで音の一つ一つが粒になって体の上で弾けているように、音の輪郭を間近に感じられた。普段はダウンロードした音楽をヘッドホンで楽しんでいるが、それとは違って体全体で音を楽しむような、今までにない音体験だ。

ブランデー入りの紅茶をすすりながら、店内を見渡してみる。目を閉じて音の世界にどっぷりと没入する人、隣の人と目配せを交わしながら音を楽しむ人、耳をスピーカーに向けながら本を開く人。楽しみ方は千

音楽を通じて温かさに触れられる

カウンター上部の棚には、アンプと様々な純喫茶のマッチ箱が並んでいる。中には既に閉店して、幻の存在となった店のものも。これらを眺めているだけでも時間が過ぎてしまう。

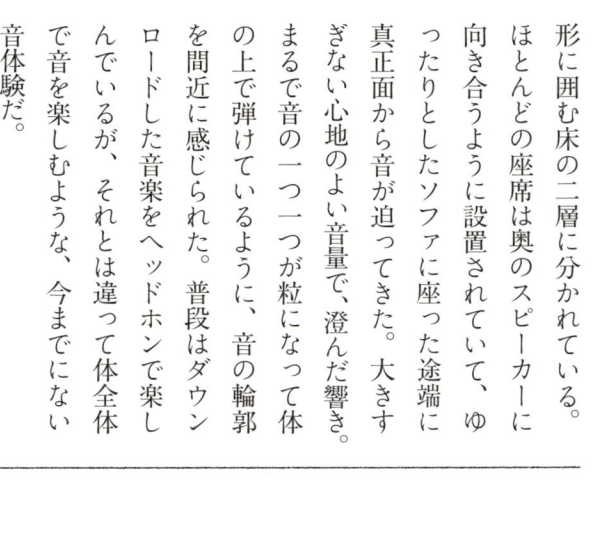

差万別だ。

しかし、過ごし方も目線すらも全く交わらないのに、同じ曲と同じ空間を共にしているからか不思議な繋がりを感じられる。この感じは覚えがある。銭湯の湯に浸かっているときと同じ感覚だ。銭湯でも、言葉を交わさずとも人の温かさを感じられるときがある。言葉や特別な行為がなくとも、同じ体験をしているだけで、共有できるものはたしかにあるのだ。

店主のこだわりと想いのこもった場所での、心がほどけるような温かな体験。ただ音を楽しむだけではない他にはない価値が、この建物だからこそある。これこそが人々が名曲喫茶に惹きつけられる理由なのかもしれない。

ブランデー入りの紅茶。「ブランデーをかけてもよろしいですか?」と寺元さんが数滴かけてくれる。ブランデーの芳ばしい香りがクセになる。

ヴィオロン

住所　東京都杉並区阿佐谷北2-9-5

電話番号　03-3336-6414

営業時間　レコードタイム12:00〜17:00、ライブタイム19:00頃〜終演

定休日　火曜日

アクセス　JR阿佐ケ谷駅から徒歩5分

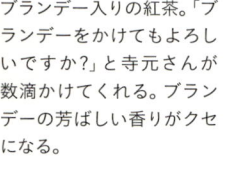

ホワイトボードには
曲リストが手書きされている。
コーナー型のスピーカー
"VITA VOX"。ピアノコンツェルトは
このスピーカーで流すそうです。
手回しの蓄音機。
華やかなお花。
いつも中村さんが
活けられている
そうです。

吉祥寺

クラシック音楽
BAROQUE

各テーブルに置かれる
コロンとした真鍮の
シュガーポット。

2種類のスピーカーが奏でる立体的で力強い音が楽しめる音楽鑑賞店。客席からガラス越しに眺めるレコードルームも人々を惹きつける魅力。

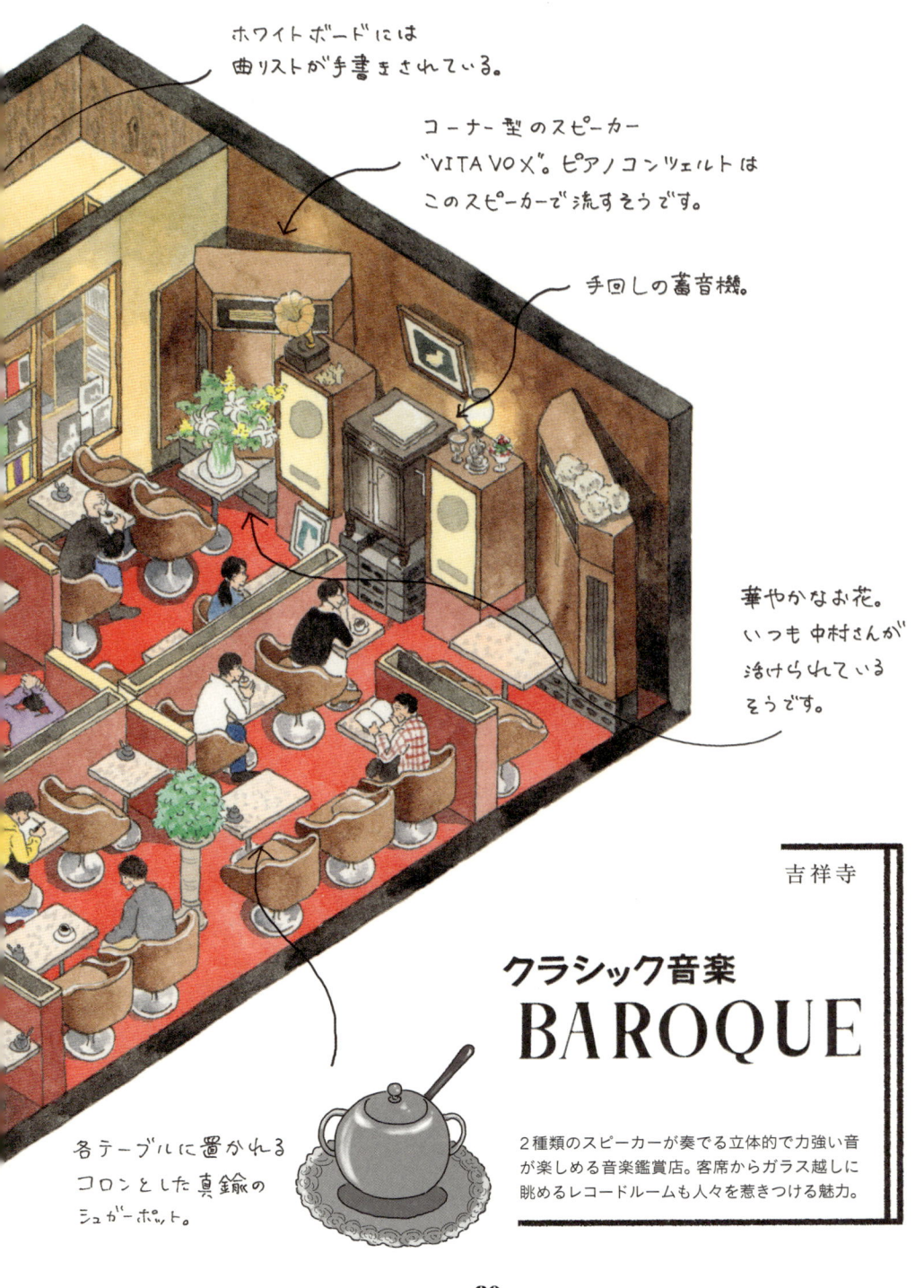

店内を彩る上品で美しい照明。
アンプ室。店内で流すレコード、真空管アンプ、レコードプレーヤーなどが並んでいます。座席からガラス越しに様子を見るのも楽しい。
出入り口。扉のガラスから差し込む光が美しい。
厨房
MENU
座席に挟んで置かれる天使の像。
トイレ
壁沿いには大きな棚が置かれていて、レコードがぎっちり並んでいます。

音楽好きの店主の愛情がこもった
クラシック音楽鑑賞店

吉祥寺駅を降りて数分。居酒屋やガールズバーなど夜の雰囲気が漂うエリアを歩いた先の、スナックとバーがぎゅうぎゅうに並んだ雑居ビル内に音楽鑑賞店「バロック」はある。

1974年、現在の店主である中村幸子さんのご主人がバロックを創業した。ご主人は大の音楽好きで、店の真空管アンプをすべて自ら作り上げたほど。開店当初から〝音楽に集中してほしい〟と私語厳禁のルールを貫いている。開店から50年が経った今も、その思いは変わっていない。

バロックのスピーカーは、タンノイとヴァイタボックスの2種類。曲によってスピーカーを使い分けてい

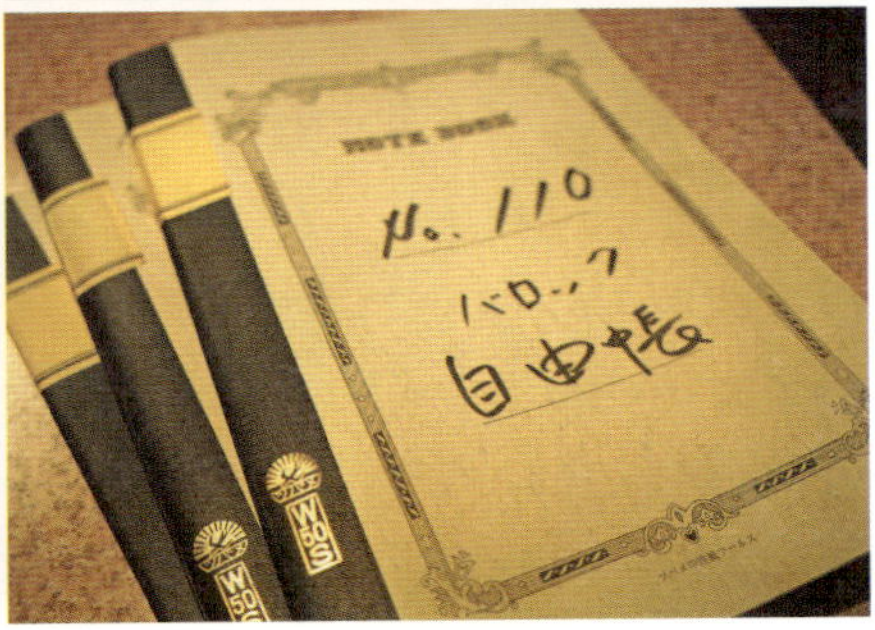

キッチンカウンター上部のメニューには、ブルーマウンテンとオレンジジュース以外、おかわりは1/4の値段になると書かれている。思わず長居してしまう素敵なシステム。

るそうだ。この日流れていたのは、バッハの無伴奏チェロ組曲第三番。チェロの美しく立体的な音が、実体を伴って目の前のスピーカーからドンと届く。バロックの音には体をダイレクトに貫くような強さがある。しかし、同時に包まれるような心地よさと安らぎも感じられて、ここにしかない唯一無二の音を体験することができるのだ。

しばらく音に体を預けていると、中村さんが注文していたコーヒーを持ってきてくれた。丁寧にカップを置いた後、テーブルに置かれていたおしぼりを新しいものに替えて、〝よろしければどうぞ〟というようにシュガーポットの蓋をずらしてくれた。この細やかで優しい心遣いに一瞬でファンになってしまった。一口すす

暖色の色合いで統一された室内。左手にはガラス越しにレコードルームが見える。中央の手回しの蓄音機は、操作に詳しい常連さんが来店したときに活躍する。

ったコーヒーは優しい味わいで、それもさらに嬉しくなる。こんな素敵な場所が吉祥寺にあるなんて知らなかったなぁ。

途中で一度席を立ったときに、ふと出入り口近くの棚にノートが置いてあることに気づいた。開いてみると、様々な人の字で曲目や曲の感想が書かれているほか、当時の政治に対する考えや天気の話もあって、ローカルな掲示板のようで笑みがこぼれる。開店当初から続けられてきた、お客さんが自由に書き込めるこのノートは、今や111冊になっているそうだ。その冊数だけでも、バロックがいかに愛されてきたかがよくわかる。

数十年前にご主人が亡くなってから、常連さんの手を借りて機材をメンテナンスしつつ、コロナ禍を乗り越

歴史を物語る111冊のノート

ガラスの向こうに飾られたレコードはすべてご主人が集めたもの。店内だけでなく、自宅にも大量のレコードが残されたそうだ。

えて営業を続けてきたが、残念ながら2025年の12月にバロックは51年の歴史に幕を閉じることとなった。「こんなに長く愛されているのだから、もったいない」。喉元まで出かかった言葉を飲み込んだ。51年だ。私の想像の何倍も迷いと葛藤があって、その上でこの結論を出したに違いない。その思いに配慮せず軽々しい言葉を発するのは、あまりに無神経だ。それならせめて、この愛され続けてきた場所の空気を、今のこの一瞬を切り取って絵に残したい。数年後、バロックという魅力的な場所があったことを、ありありと思い出せるように。そう思って背筋を伸ばし、手にしていたバロックのノートを改めて握り直した。

優しい味わいのコーヒー。カップを置いた後に、シュガーポットの蓋を少し開ける、店主のさりげない気遣いが嬉しい。

バロック

住所　東京都武蔵野市吉祥寺本町1-31-3
電話番号　0422-21-3001
営業時間　12:00〜21:00
定休日　火・水・木
アクセス　吉祥寺駅から徒歩3分

壁の上には大きなスピーカーが。
壁で仕切られた奥の部屋は、ソファではなく椅子席。
らんぶるを印象づける、重厚感のある赤い階段。湾曲している手すりが美しい。
こちら側の壁には鏡が設置されています。

らんぶるは照明も魅力的！高さ4.5メートルの広々とした空間を、二段重ねのシャンデリアが照らします。

階段の中央にはベートーヴェンのレリーフ！

新宿

らんぶる

赤いストライプのソファ、カーブを描く大階段、BGMのクラシック。老若男女が癒される、新宿の地下に広がる優美な大空間。

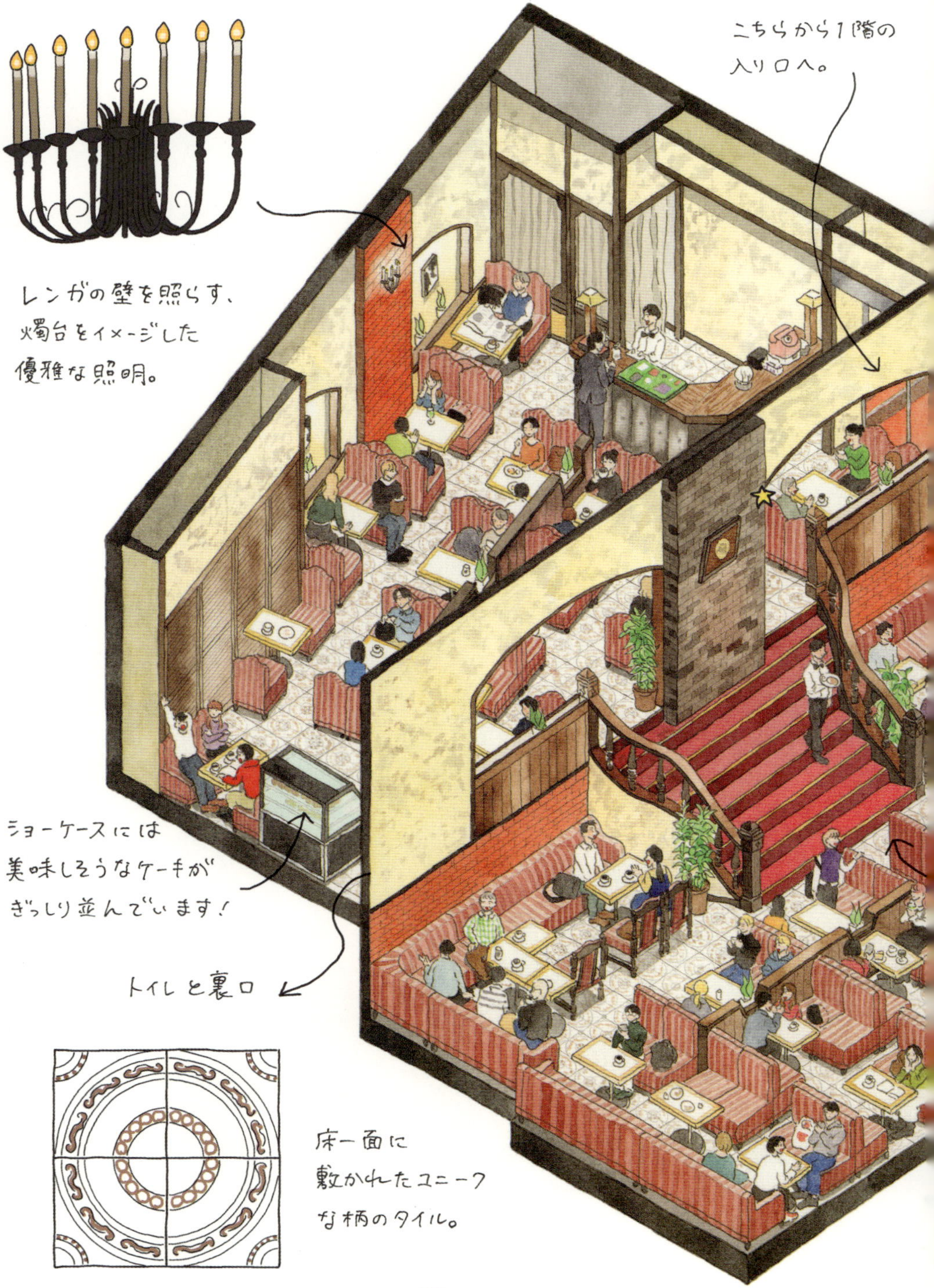
こちらから1階の
入り口へ。
レンガの壁を照らす、
燭台をイメージした
優雅な照明。
ショーケースには
美味しそうなケーキが
ぎっしり並んでいます！
トイレと裏口
床一面に
敷かれたユニーク
な柄のタイル。

地下に広がる広大な空間が贅沢な
創業75年の純喫茶

新宿の地下に広がるその喫茶店は、〝多様性の受け皿〟という言葉がぴったりな場所だ。

新宿駅東口から続く、居酒屋やカフェが並んだ賑やかな路地を歩いていくと、レンガで彩られた建物が目に留まる。数十年前で時が止まったかのようなレトロな外観に誘われて地下へ足を延ばすと、そこには想像もできないほど大きな空間が広がっていた。

地下1階は黄色みがかった壁に囲まれた、落ち着いた空間。そして、赤いビロードの絨毯が敷かれた大階段を下りた先に、天井高4・5メートルの広々とした地下2階がある。

1_地下2階へ続く赤い階段。 2_コースターにも使われている不思議な模様のタイル。
3_壁で区切られたエリアの照明。2つの菱形を4つの照明で挟むユニークな形だ。

総座席数はなんと約２００席。昼夜問わず常に賑やかな新宿の街でも、この開放的な空間でゆったりしたソファに座れば、肩の力がふーっと抜けてしまうのだ。

「新宿らんぶる」の創業は１９５０年。音楽を聞くための喫茶店〝名曲喫茶〟としてスタートし、レコードが家庭に普及する前だったので大盛況だったそうだ。現在の建物は50年前に建て替えられたそうで、一時期にはビル一棟すべてらんぶるの店舗だったこともある。時代に合わせて店の形態は緩やかに変化し、今はカフェ営業がメインで、音楽はＢＧＭとして流しているそうだ。

らんぶるのおすすめメニューは卵とツナのサンドセット。表面がほどよくパリパリになるまで焼かれたロ

奥側から店内を見て。高さ4.5メートルの天井と、左手壁の鏡の効果で地下にいることを忘れてしまう。広々として心地がいい空間だ。

ールパンに切れ込みを入れて、ツナとたまごのペーストを挟んだシンプルなものだが、素朴な味わいが優しく何度も食べたくなってしまう。ツナもたまごもたっぷり盛り付けられていて、セットのサラダにコーヒーを合わせれば、朝ごはんにぴったりだ。

スイーツのおすすめは、アイスをのせたコーヒーゼリー。苦すぎず深みのあるコーヒーと、バニラビーンズがきいた濃厚なアイスの相性が抜群で、ペロリと食べられてしまう罪深いスイーツだ。一緒にビスケットがついてくるのも、嬉しいポイント。

店長の重光康宏さんに、らんぶるにはどんなお客さんが来るのか尋ねてみた。老若男女問わず訪れるそうだが、最近は海外からの観光客や、ホストクラブで働く人、ロリータフ

多様性を包み込む懐の深さが魅力

4_階段側から店内を見下ろして。 5_卵とツナのサンドセット。サラダとコーヒーもついてくるのでお得。シンプルで素朴な味わいがくせになる。

新宿らんぶる

住所　東京都新宿区新宿3-31-3

電話番号　03-3352-3361

営業時間　9:30〜18:00

定休日　年末年始

アクセス　都営地下鉄・東京メトロ新宿三丁目駅から徒歩2分、JR新宿駅から徒歩5分

コーヒーゼリー

名物スイーツのコーヒーゼリー。苦味がちょうどよく、コクがあるバニラアイスと相性抜群。甘さが欲しければ、ガムシロップをかけても。

アッションの人たちがお茶会をすることもあるそうだ。東京の文化と交通の中心であり、ビジネス街であり、夜の街であり、アングラカルチャーが滲む新宿。混沌として多様性に満ちたこの街を象徴するような光景だ。だからこそ、人混みが苦手な私でも、この店に来ると許されたような穏やかな気持ちになれるのだ。時代が変わってさらに多様性と複雑さが加わっても、きっとこの居心地の良さは変わらないだろう。

重光さんは取材の最後に「ここは色んな文化が生まれる場所です。街の文化は喫茶店から生まれます」と話してくれた。多様性の受け皿であるらんぶるは、この先も豊かでカオスな新宿の文化を作っていくだろう。

Column3

純喫茶と銭湯の意外な共通点

Junkissazukai

前著の『銭湯図解』で全国の銭湯を取材し、
本書では都内とその近郊の純喫茶を取材する中で、
銭湯と純喫茶には意外な共通点があることに気がついた。
前提として、どちらも〝癒やしの場〟であることは間違いないが、
具体的に3つの点があげられる。

こだわりが詰まった空間づくり

銭湯も純喫茶も、話を伺うと血縁者が経営を引き継いでいることが多い。会社組織ではなく（会社化している例もあるが）家族で作り上げてきたので、その店ならではの唯一無二の世界が形成されている。例えば、ヴェルサイユ宮殿を思わせる個性的な銭湯や、歌謡曲が流れる昭和感たっぷりの銭湯。純喫茶でいえば、海底の洞窟を訪れたような卓越した世界観や、古城をイメージした豪華絢爛な空間も。他にはないこだわりの空間が引き継がれていくのは両者の共通点だ。

〝人〟を感じられる場所

銭湯の好きなところは、言葉を交わさずとも同じ浴槽に入るだけでどこか人の温もりを感じられることだ。初めて一人暮らしをしたときの寂しさが、ここで癒やされたこともある。純喫茶も同じで、コーヒーを飲みつつ隣の人の息遣いが感じられること、直接会話しなくても音楽を聞く体験を共にすることで、人の温もりをひっそりと感じられる。都会で孤独を感じる者が安らげる場所なのだ。

ケの日のハレ

民俗学で日常をケ、非日常をハレという。私は家風呂よりは非日常で、スーパー銭湯よりは日常的な銭湯のことを〝ケの日のハレ〟と表現していた。それは純喫茶も同じ。最近は色んな喫茶店が増えてきたが、家のコーヒーよりは非日常的で、おしゃれなカフェよりは日常に近い。価格的にもそうだ。純喫茶は、そんなケの日のハレ的に利用できる身近な場所ではないかと思う。だからこそ、ふと疲れたときに、さっと足を運べるのがこの両者の魅力だと感じている。

第4章

ひとクセ光る純喫茶

妖しく微笑むトーテムポール、揺れるブランコの座席、海底の洞窟のような空間……。
店主のこだわりが詰まった他にはない世界観に浸ってみて。

神保町

咲の珈琲屋 さぼうる

厨房に吊るされているランプ。山小屋風でかわいらしい。

入り口でトーテムポールが誘う、2.5階建ての名喫茶。壁一面に蓄積された白い落書きと数々の民芸品が、愛されてきた歴史を物語る。

厨房。"キリンラガービール"のロゴが貼られた換気扇の下に様々なお酒が並べられています。

天井近くに不思議なお面が隠れています…！

出入り口へ。赤い電話とトーテムポールが目印です。

お会計はこちらで。

この席から窓の外を望めます。

2階：暖色の照明に照らされた温かな印象のフロア。木の壁と天井に囲まれた空間は、山小屋のような雰囲気があります。
B1：レンガで造られた穴ぐらのような地下室。壁には白い落書きがびっしり！
暖炉上の小物が目を引きます。

1階：窓に面した明るい階。この席は、足が不自由な常連さんのために空けていることが多いそうです。

ここにもトーテムポール!!

レンガ造りの暖炉。今は火を入れていませんが、代わりにストーブが置かれています。

無数の民芸品に壁の落書き……「記憶の地層」に思いを馳せて

1_1階から地下に下りる階段。ここも民芸品に囲まれていて独特な雰囲気。 2_薄暗い地下エリア。壁に白い字で書かれているのが、例の落書き。

「純喫茶と聞いて、真っ先に思い浮かぶお店はありますか?」。この企画が始動した当初、担当さんにそんな問いかけをされて提案したのが「さぼうる」だった。

私がさぼうるに出会ったのは、大学生の頃。支柱のようにそびえ立つトーテムポール、こんもりと生い茂る草木、ぐにゃりと湾曲した木のひさし、入り口の傍《そば》にポツンと置かれた赤い電話。高校を出たばかりの私を圧倒するには十分な迫力だったが、勇気と好奇心を捻《ひね》り出してエイヤッと飛び込んだ。

時代を感じさせる黒光りする木の柱、少し色褪せたレンガ、柱や天井

2階の座席から窓側を見て。木目の壁が多く、山小屋のような印象。座る場所によって少しずつ印象が異なるのが、さぼうるの魅力の一つだ。

から吊るされた謎の民芸品の数々。目に入る情報量が多くてクラクラする。案内されるまま地階の席に座ってみると、レンガ造りの壁に白い文字がたくさん書かれていることに気がついた。「LOVE ○○」「なるぜ芸術王！」「めざせ△△大学」。どれも観光地の落書きのような、ささやかでかわいらしいものばかり。その落書きを見ているうちに、すくみ上がっていた気持ちはどこへやら、居心地の良さを感じ、帰る頃にはすっかり魅了されていた。

それから十数年。久々にさぼうるを訪れてみると、変わらず独特の雰囲気がありながらも居心地のいい、温かな空間が広がっていた。

一見、変わらないように見えるさぼうるだが、数年前に大きな出来事

名物マスターの訃報を乗り越えて

3_地下への階段を下りた先。ここの壁にも落書きが。 4_お客さんからのお土産品が溢れんばかりに並ぶ暖炉。ここでもアフリカの民芸品のような像が目を引く。

があった。1955年に開店して以来、60年以上も店を切り盛りしていた3代目オーナーの鈴木文雄さんが2021年末に亡くなられたのだ。ファンの間では閉店も囁《ささや》かれたが、15年以上スタッフとして働く伊藤雅史さんが4代目オーナーとしてお店を受け継いだ。伊藤さんは自分が引き継ぐとは思いもしていなかったが、「さぼうるを残したい」という一心で奥さんと共に継ぐことにしたそうだ。

2025年で創業70周年を迎える、さぼうる。変わらないものがありながらも、変化を続けているところもある。例えば、店内に置かれた雑貨や民芸品。そのほとんどはお客さんからもらったもので、年々増えていき、気づいたら今のようになっていた。

落書きもそうだ。初めは一つの落

トーストはサクッとしているのに具材はふわりとした食感。具材をのせてパンを焼いた後、チーズをのせてもう一度焼いているので、その食感が保たれているのだそうだ。

入り口の上部に吊るされているたくさんの鈴。大小様々だが、土鈴がやや多め。鈴は古くは魔除けに使われていたので、入り口でさぼうるを守っているのかもしれない。

さぼうる

住所　東京都千代田区神田神保町1-11

電話番号　03-3291-8404

営業時間　11:00〜20:00（月〜土）、

定休日　日曜日、祝日は不定休

アクセス　東京メトロ・都営地下鉄神保町駅から徒歩1分、JR御茶ノ水駅から徒歩6分

書きだったのに、誰かが白いペンで書くようになってから、壁が白い文字で埋め尽くされるほどになった。

昔の記憶が残りながらも、新しい記憶が重なっていく。その様子はまるで記憶の地層のようだ。初めてさぼうるを訪れたとき、落書きを眺めているうちに心がほどけていったのが不思議でならなかったが、降り積もる思い出の数々に温かな優しさを感じられたのだと思う。さぼうるに重なる記憶の地層が、この心地いい空間を作っている。

取材の終わりに、せっかくだから私も何か記憶を残したいと思った。レンガにペンを向けかけたが、公式としては〝落書禁止〟。この気持ちは絵として残そうと思い、ペンをかばんにしまった。

窓の外も造花や緑、ランプなどでかわいく装飾されています。よく見ると小人の人形も隠れているとか…？

大理石の床のエリアに置かれる暖炉は、20～30年探してやっと吉祥寺で見つけた逸品。味のあるレンガの色合いが店内にマッチしています。

店内にはたくさんの生花が飾られています。いつも地元のお花屋さんに届けてもらっているそうです。

出入り口へ
上品でかわいらしいgionの制服。開店当初から4度も変更して、今の形に至ったそうです。

大人気のブランコの席。吉祥寺に以前あったジャズ喫茶の座席がブランコだったそうで、そのお店を参考に導入したそうです。

阿佐ケ谷

gion

色とりどりのランプに、個性豊かな置物、かわいい制服、段差がついた４つのフロア。小さな空間にぎゅっと詰まった乙女なムード。

カウンターやテーブルに置かれるアンティーク風のランプ。
青や紫などの電球がはめられていて他のお店
にはないムーディーな雰囲気を味わえます！
ここにも
かわいい
ランプが。
オーブンや
コンロがある
調理場。丸みを帯びた
入り口がかわいい！
カウンターに置かれた
ユニークな置物たち。
この植木鉢は、なんと人の
頭部がモチーフ。
壁をピンク色にしたのは"いたずら心"
とのこと。直接繋がって見えるように、
壁とベンチの間は隙間なくペンキ
が塗られています。

ピンクの壁に揺れるブランコ……
ロマンティックな空間で乙女気分を味わって

1・2_各テーブルに置かれるランプ。席によって異なるので、お気に入りを探してみよう。 3_大人気のブランコの座席。花の形を模したランプも魅力的。

そこは〝乙女〟という言葉がぴったりな喫茶店だ。淡いピンク色に塗り上げられた壁、店内を彩る色とりどりの生花、ゆらゆらと揺れるブランコの席、山盛りのアイスがのった涼しげなクリームソーダ。

幻想的で淡い夢のただ中にいるようで、そこにいるだけでフワフワした気持ちに酔ってしまう。そんなロマンティックな雰囲気が漂い、お兄さんもおばさんもみんな乙女な気持ちになってしまうのが、「gion（ギオン）」だ。

gionの内装はとてつもなく複雑だ。まず床が5つに区切られ、それぞれに緩い高低差がつけられている。さらに、床の素材は絨毯敷き、板張り、大理石の3種類。照明もエリアで分けられていて、手前の大理石エリアは昼白色、ピンクの壁のエリアは電球色、中央の板張りエリアはなんとエメラルドグリーン、水色、群青色と常に移り変わる仕組みだ。異素材を組み合わせたパッチワークのような空間だが、不思議なことに全く違和感がない。この不思議な調和は、幻想的でありながらかわいらしい点が共通しているからかもしれない。きっと、それがgion独自の乙女な雰囲気を作り出しているのだろう。

gionの開店は39年前。オーナーの関口さんは1日1冊本を読むほどの読書家で、「本をゆっくり読める喫茶店を作りたい」と、この店をオープンさせた。徹底的に店作りにこだわり、

照明の色が移り変わる、中央のエリアの座席から窓側を見て。様々な形の椅子、雰囲気たっぷりのランプ、花や風景が描かれた壁画など、目に入るものすべてが魅力的。

喫茶店を300店ほど回っては空間のイメージを膨らませ、女性誌を読み漁っては制服をデザインし、ワッフルの研究のために3キロ太ってしまったことも。その努力と信念が形となって、今や誰にも真似できない唯一無二の空間となった。

gionの看板メニュー・ナポリタンもその努力の結晶だ。開店当初からなんと40回もレシピを変えている。テレビで「砂糖はうま味調味料になる」と聞いたらすぐに取り入れ、きのこやフォンドボーを入れてみたりと、自分で作りながら工夫を続けてきたそうだ。

しっかりソースが絡められてテリテリ輝くナポリタンは、まったりとした味わいの中にちょっとした酸っぱさがある。そして、時たま現れる

何度もレシピを変えたナポリタン

gionの外観。看板が緑のネオンになっていて、夜は一際目をひく。春〜夏は、入り口脇の木に葉が繁り、緑に囲まれた瑞々しい印象に。

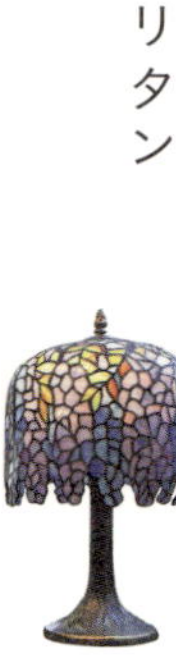

名物のナポリタン。中央にポテッとのっているのは大きなハム。カリッとして香ばしさを感じられるナポリタンは絶品。私は粉チーズをたっぷりかけるのがお気に入り。

gion

住所　東京都杉並区阿佐谷北1-3-3
電話番号　03-3338-4381
営業時間　9:00〜24:00（月〜木・日）、9:00〜25:00（金・土）
定休日　なし
アクセス　JR阿佐ケ谷駅から徒歩1分、東京メトロ南阿佐ケ谷駅から徒歩8分

焦げ目のカリッとした苦味と香ばしさ。gionに来たらやっぱりこれ、となってしまう看板メニューにふさわしい安定した美味しさだ。付け合わせの千切りキャベツやたまごサラダも食感にリズムをつけるのにうってつけで、ナポリタンを粉チーズやタバスコで味変するのもいい。

ナポリタンと食後のコーヒーですっかり満腹になったお腹をさすりながら、座っていたブランコを揺らしてみる。こうしていると、公園のブランコを揺らした少女の頃を思い出す。もう少女なんていう年齢でもないけれど、今日だけはこの雰囲気に酔って〝乙女〟になってみたい。コーヒーの最後の一口を飲み干しながら、昔を思い出しつつ少し大きめにブランコをスイングさせた。

吉祥寺

COFFEE HALL くぐつ草

人形劇団が営む地下の純喫茶は、海の底の洞窟のように、暗く細長く、心落ち着く異空間。海の世界観を感じさせる小物も魅力的。

等間隔に造られたニッチ
(くぼみ)にはドライフラワー
などの置物があります。

ここに2段の階段が。
江戸糸あやつり人形
結城座のポスター
トイレ
こちらから
階段を上がって外へ
樽、いかり、金縁の
丸ガラス、タイプライター、
黄色と青に光る照明など独特の
世界観を作りあげる小物が置かれています。
ピンクの
ダイヤル式電話

大小の植木が置かれる
中庭ゾーン。自然光が入らない地下なので、店内に比べて強めの照明が設置されています。

様々な形のお皿やティーカップが並んでいます。

こちらの壁にもニッチと船舶照明が取り付けられています。

など
様々な
模様があります

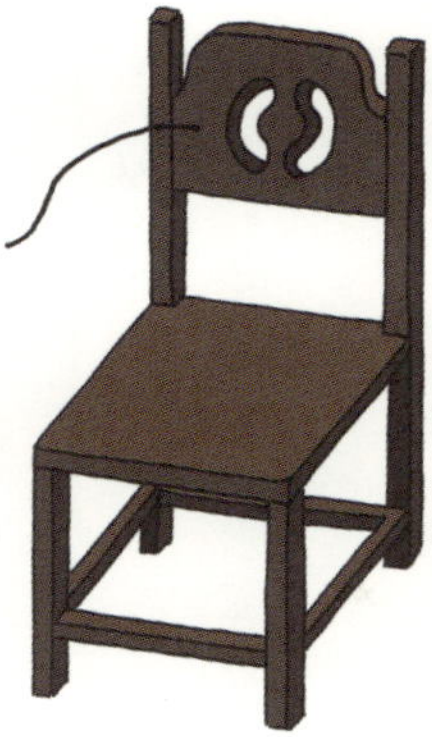

よく見ると、
椅子の背もたれの模様は一つ一つ異なります。お気に入りの椅子を探すのも楽しいかも。

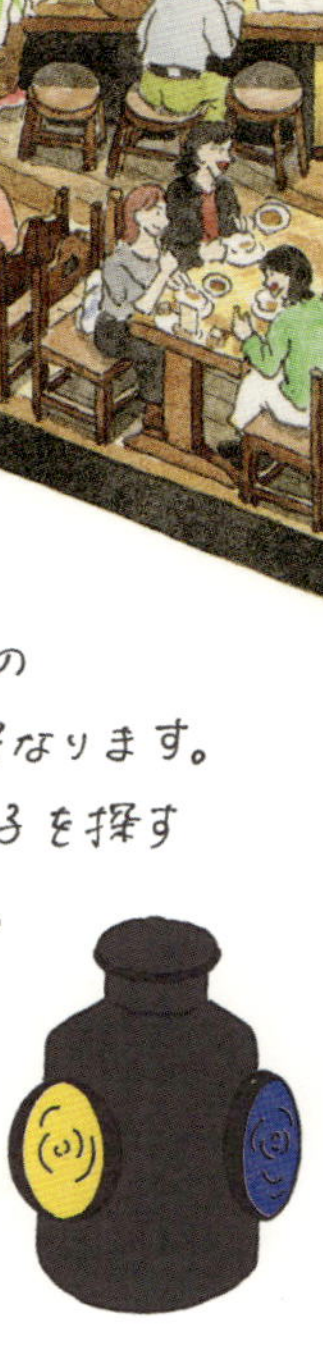

各テーブルに置かれる
小さな注意書き。革に油性ペンで書かれています。

商店街の地下に広がる、海底の洞窟のような優しい空間

薄暗い室内の壁をポツポツと照らす船舶照明。対照的に明るい奥の中庭が目を引く。左手の座席の背もたれは、木から切り出したような作り。

昼夜問わず煌々《こうこう》とした明かりに照らされる商店街から、下へ下へと延びる薄暗い階段を下りるとき、私は海の底へと潜る潜水艦を思い浮かべる。その乗組員になった気持ちで階段を一歩一歩重々しく下り、覗き穴が設けられた鉄のドアを通ると、そこには細長い洞窟のような空間が広がっている。

幅は3・5メートル、奥行きは13メートル。窓はなく、人の拳大の凹《へこ》みが模様のように広がる壁にぐるりと囲まれている。船舶照明（船に使われる防水の照明器具）に照らされる室内は、その明かりがなければ闇に沈んでしまいそうなほど暗い。その薄

壁の無数の凹みは、劇団員が一つ一つ手作業でつけたもの。凹みは高い天井まで続いており、どのようにつけたのか想像すると楽しくなる。

暗さに紛れるように、至るところに小物が置かれている。タイプライター、船のいかり、樽《たる》、潜水艦の窓のような金縁の丸ガラス。まるで海を漂流していたような品々に、やはりここは海の底なのだと実感する。深く暗い海に潜り、その底でぽっかり口を開けた洞窟。吉祥寺の純喫茶「COFFEE HALL くぐつ草」に、私はそんなイメージを重ねる。

くぐつ草を立ち上げたのは、当時、吉祥寺を活動拠点としていた人形劇団の「結城座《ゆうきざ》」。国と都の無形文化財である「江戸糸あやつり人形」を扱い、寛永12（1635）年という気が遠くなるほどの昔から継承を続ける由緒正しい劇団だ。くぐつ草の店名は、このあやつり人形の〝傀儡《くぐつ》〟からきている。1979年、公演期間以外にも劇団員が働ける場所を作りたいというオーナーの思いから開店した。

看板メニューであるくぐつ草カレーは、その劇団員が稽古場でレシピを開発したという。約10種類ものスパイスが使用されており、山椒のような舌が痺れるスパイシーな辛みと、その後に広がるじっくり炒めた玉ねぎの甘みが魅力の〝大人なカレー〟だ。

また、壁面の特徴的な凹みは、土がまだやわらかいうちに劇団員が跡をつけたそうだ。薄暗く一見妖しさも感じられるくぐつ草の空間に、同時に温かさも感じられるのは、まさに劇団員の〝手形〟が残るアットホームさがあるからだろう。

海の底の世界のように感じていた店内のデザインや小物は、実は特別なコンセプトはないそうだ。開店に

特徴的な壁の凹みは団員の手の跡

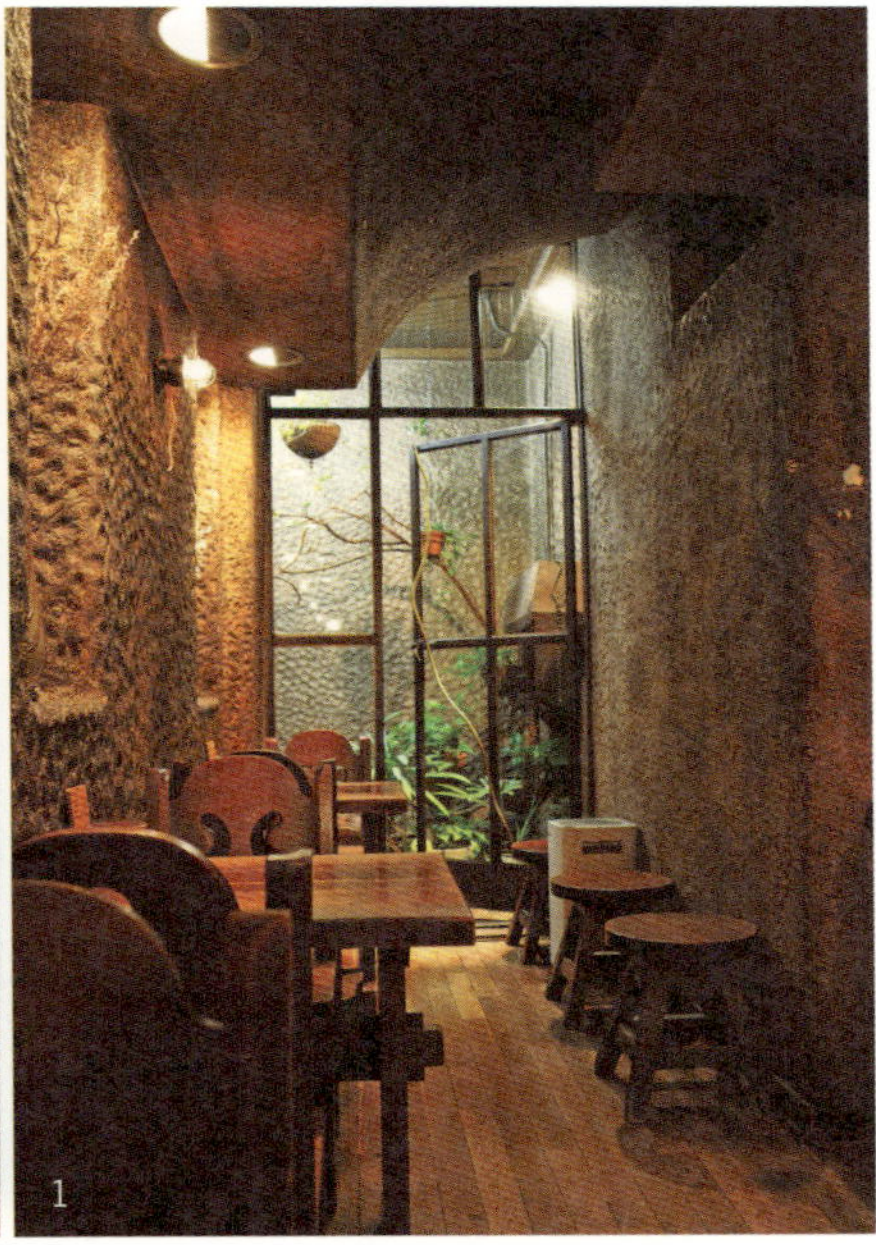

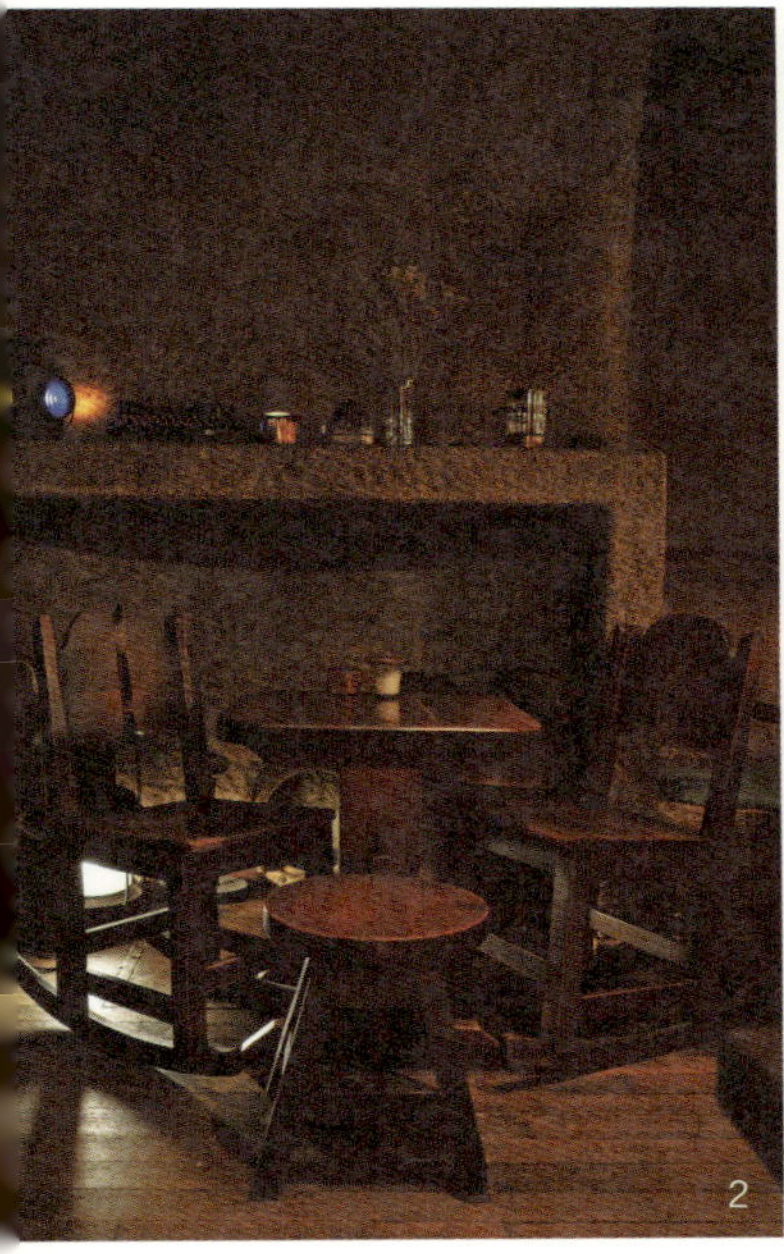

1_室内の奥にある中庭。実は元々はエレベーターシャフトを計画していたスペースなのだとか。 2_入り口近くの座席。ロッキングチェアはこの2席だけ。

当たり、当時の座長の奥様にあたる方が中心になってお店のテイストを決めたという。くぐつ草は「洞窟喫茶」や「隠れ家」など様々な言葉で紹介されているが、私は〝海底の洞窟〟というイメージがすんなり馴染む。薄暗い階段を下り、潜水艦のような重い扉を開き、船舶照明に優しく照らされた細長い空間に出会う。

海を潜った先のこの空間に、地上に残してきた日常の瑣末《さまつ》な物事は忘れてしまえと許されるような気持ちになるのだ。やがて地上に戻り、大人として様々な面倒ごとに向き合わなければならない。そのためにもこのくぐつ草にいる時間だけは、海の底に棲《す》む生き物のように、暗く優しいこの空間に身を委ねていいたい。

3_オムカレー。ルーにココナッツミルクを使用し、スクランブルエッグと合わせるとまろやかで優しい味わいに。
4_湯煎したチョコレートのような濃厚な味わいのココア。

COFFEE HALL くぐつ草

住所　東京都武蔵野市吉祥寺本町1-7-7
電話番号　0422-21-8473
営業時間　10:00〜22:00
定休日　なし
アクセス　吉祥寺駅から徒歩3分

御茶ノ水

穂高

山登りが好きだったことから、穂高と名付けられた純喫茶。静かで落ち着いた空間は、都会で暮らす人々を癒す山小屋のよう。

お相撲さんが
遊びにこられた
ことも…！
かわいらしい
お砂糖の壺は
開店当初から
使い続けている
ものだそうです。
以前はこちらの窓から
御茶ノ水駅のホームを
望むことができました。
（現在は駅ビルが
建設中）
窓辺には小物や
お花が。取材時には、
うさぎの小物と赤い
お花が飾られていま
した。
特徴的な木の柱による"バッテン"。
出入り口からの視線を遮って、奥に座る人が
ゆったり過ごしやすくなるように工夫されて
います。中心には山小屋風の照明が。

カウンター上のレリーフは造形作家の小野襄氏によるもの。重そうに見えますが、実はとっても軽く作られています。

シンプルなメニュー表。すべて手書きなのがとてもかわいらしいです。

出入り口。ここから、にぎやかな御茶ノ水駅前へ！

山岳部の学生さんの溜まり場になっていたことも。彼らの連絡ノートもあったそうです。

懐かしのピンク電話。

印象的な深い緑色の椅子は、座面を張り替えるなどして、改装前から大切に使い続けられています。

都会で暮らす人々がホッと一息つける山小屋のような安心感

1_ソファはすべて優しい色合いの緑に統一されている。壁に貼られた青と黄色の色画用紙は、店内のメニュー。 2_入り口から差し込む光が優しくて癒やされる。

東京のド真ん中に山小屋のような喫茶店があるのをご存じだろうか。「喫茶 穂高」は御茶ノ水駅の目の前にある超都会の純喫茶だ。往来が激しい駅前通りに面した扉の横には、かつて穂高行きの列車で使われていた〝穂高 HOTAKA〟と書かれたプレートと、重厚感のある看板が掲げられている。

ガラスがはめ込まれた赤みがかった木の扉を開けると、穏やかな笑みをたたえた老夫婦が出迎えてくれた。店内を見渡してみると、入り口横にスキー板があったり、壁に山の絵が飾られていたり、ランタンのような照明が置かれていたりと、山小屋ら

奥側からキッチンを見て。カウンターには4席が並んでいて、ここに腰掛けながら店主とお喋りをするお客さんも。

しさを感じられるアイテムが随所にある。何より山小屋らしいと思ったのは、店に入ったときに感じた、ホッとする安心感。BGMのない静かな店内、落ち着いた壁の色、そして建築家によって工夫が凝らされた建物がその安心感をもたらしているのだろう。

安心感は、空間だけでなく食べ物からも感じられる。穂高の食事メニューはトースト1品のみ。分厚くカットされたトーストにバターとマーマレードというシンプルなメニューだが、その素朴さが優しくホッとするのだ。〝温度を一定に保つのが秘訣〟というコーヒーとの相性もバッチリで、何枚でも食べられる。

また、冬に訪れたならぜひ頼んでほしいのが、みかんえーど。レモネードのみかん版のような飲み物だが、実家で食べるみかんを思い出す優しい味わいで、寒い冬でも体の芯から温まるのだ。

栗野芳夫さん・のり代さんご夫婦が経営する穂高は、1955年に開店した。仕立て職人だった芳夫さんのお父さんのお店の一角で、芳夫さんのお兄さんとお母さんが喫茶店を開いたことが始まりだ。お母さんが山登りが好きで、穂高という名前になったという。しかし数年後にお兄さんが亡くなり、「自分は不器用だから仕立てはできない」と芳夫さんが喫茶店を担うことになった。

1970年代に改装を考えた芳夫さんは、穂高の店内で改装案の図面を描いていた。その手元を見るなり「ひでぇ！」と声をあげたのが、建築

常連の建築家が設計した癒やしの場

3_バッテンの柱に吊るされた不思議な小物。 4_壁側の座席。店内には何枚かの絵画が飾られていて、山を題材にしたものが多い。

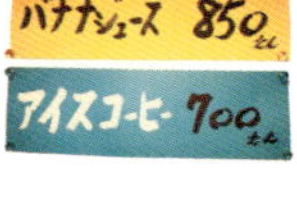
バナナジュース 850えん
アイスコーヒー 700えん

家の森史夫《ちかお》さんだ。穂高の常連だった森さんは「僕に任せてほしい」と、改装計画を請け負った。その後、建物の老朽化から2004年に穂高は再度改装されたが、木材や家具をできる限り再利用し、かつての面影を残した山小屋風の雰囲気となった。

以前、本格的な山登りをしたことがある。慣れない山道を一日歩き、すっかりヘトヘトになったとき、山小屋に辿《たど》り着いて涙がにじむほど安心感に包まれたことを覚えている。あのときの安心感に、穂高の扉を開いたときのホッとした感覚はぴったり重なる。穂高は山ではなく都心にある喫茶店だが、人間関係や日々の出来事に疲れた都会の人々にとって、山小屋のような安らぎのある場所なのかもしれない。

5_分厚くカットされたトーストにバターとマーマレードというシンプルなメニュー。その素朴さにホッとする。6_冬のおすすめ、みかんえーど。

喫茶 穂高

住所　東京都千代田区神田駿河台4-5-3

電話番号　03-3292-9654

営業時間　8:00〜19:00（月〜土）

定休日　日・祝

アクセス　JR御茶ノ水駅から徒歩1分

とろりとカーブした壁が魅力的。この壁があるかないかで全く印象が異なります。

外からの視線を遮るガラスブロック。表を歩く人と、店頭の植栽がぼんやり映り込みます。

不思議な床の模様。こちらも池原先生のデザインだそうです。

こちらからトイレへ。

こちらから厨房へ。

こちらとこちらにも窓が。象の置物や、小さな灯籠など色んな小物が置かれています。探してみて。

都立家政

Coffee & Lunch

るや

ぐにゃりとした壁に、光が差し込むガラスブロック、目線の高さの大きな庭。建築家・池原義郎の意匠を堪能できる純喫茶。

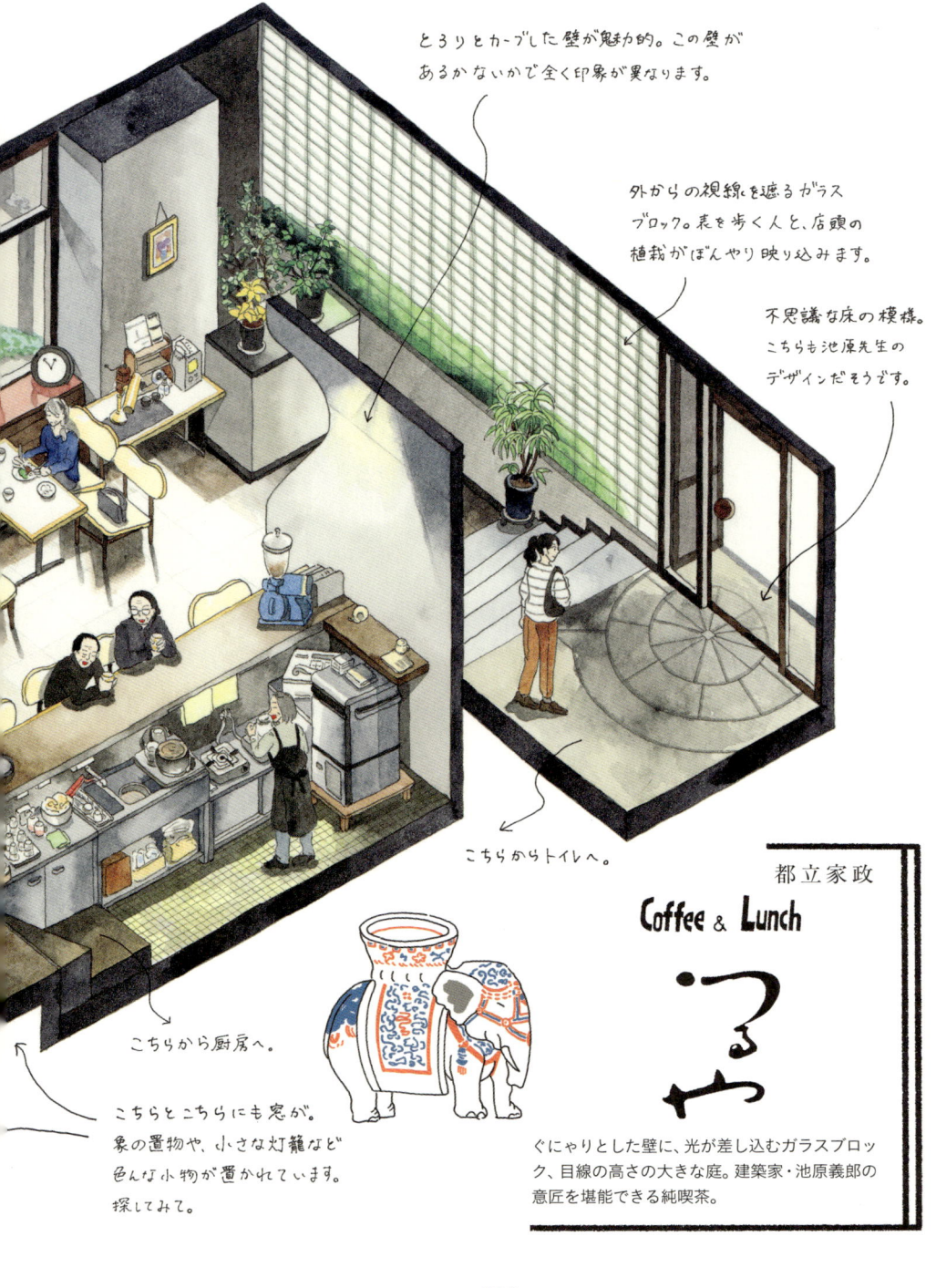

カモメが羽ばたいているような特徴的な天井。池原先生の作品は天井の表現も美しく、こちらも注目ポイントです。
木の板の間に蛍光灯が。
"つるや"に由来した二羽の鶴！お祝いにいただいたものだそうです。
椅子はすべて天童木工。座面が広く、ゆったりくつろげます。
早い時間は、よりお庭が照らされて美しいです。食事を味わいながら、お庭の景色も楽しんで。
330mm
庭側
高さ700mm
少し傾いています。
440mm
店内をぐるりと囲む、腰壁。
【腰壁断面図】

有名建築家の意匠が凝らされた心落ち着く喫茶店

新宿駅から西武新宿線に揺られて20分ほどにある駅、都立家政。駅を出て角を一つ曲がった先に、喫茶「Coffee&Lunch つるや」がある。ガラスの扉を開き、カクカクとした階段を下りていくと、ぐにゃりと丸みを帯びた壁の向こう側に光に包まれた空間が広がっていた。

窓際の席に腰掛けて店内をふと見渡してみると、あることに気づく。ここの床は路面の高さから少し低く造られている。半地下というほど深くもないが、座ると庭の地面がちょうど目線にくる深さ。本来なら見下ろすような位置にある庭が目線と同じ高さにあるのは、何か特別感がある。

1_創業当初から続いているハンバーグ。ジューシーで目玉焼きとの相性がバッチリ。
2_コーヒーは瑞々しく、心を癒す優しい美味しさ。

路面側にはガラスブロックが設けられているが、店の前を歩いている人がいてもぼんやりとした輪郭だけが見えるのでそれすらアートのように感じられる。店の外側と内側を完全に分けることなく、外から入る情報を曖昧なものに変換させる。シンプルな発想で空間の印象を鮮やかに操作できるのは、この建物を手がけたのが建築家だからだろう。

つるやを設計したのは建築家の池原義郎氏。西武園ゆうえんち、箱根湯の花プリンスホテル、所沢聖地霊園などを手がけており、複雑で情熱的な装飾を含みながらも全体的に上品な雰囲気にまとめられている。実は、池原氏は私の大学時代の恩師の先生にあたる人物だ。つまり、池原先生からすれば私は孫弟子になる。

入り口側から店内を見て。奥にも小さな庭があり、右手の庭と高さは同じ。奥の庭には象の置物や灯籠などが置かれている。

外と内を緩やかに結びつける空間

通りに面した窓はガラスブロック。光はそのまま通し、外からの視線は曖昧にぼかす。
つるやに流れるゆったりした時間は、建築の力が生み出している。

つるやの創業は1969年。現在つるやを営む渡部みゆきさんは3代目で、創業したのは渡部さんのおばあさん。つるやを始める際、おばあさんの夫の弟である池原先生に設計を依頼した。つるや側から設計上のオーダーはなく、池原先生にほとんど任せたそうだ。

知人のフランス料理のシェフが考案してくれたというオムライスやハンバーグなどのレシピは、創業当初から変わっていない。特にオムライスは、デミグラスソースとカニピラフの相性が抜群の逸品だ。ピラフには2日間煮込んだズワイガニの出汁《だし》と玉ねぎがミックスされているそうで、こだわりを感じられる。舌鼓を打った後、食後のコーヒーをいただきながら店内を見渡してみた。青々

オムライス

デミグラスソースがたっぷりかかったオムライス。たまごのまろやかさと、デミグラスソースのコク、カニピラフの奥行きあるうま味が口の中で混じり合う、極上の味わいだ。

鳥のはばたきのような形の天井。板の間には不規則に並んだ照明が。

Coffee&Lunch つるや

住所 東京都中野区鷺宮1-27-2

電話番号 03-3330-2170

営業時間 11:00〜19:00(月・火・金・土)、11:00〜15:00(日)

定休日 水・木

アクセス 西武新宿線都立家政駅から徒歩1分

とした美しい庭の草木、外の風景や人の気配を伝えるガラスブロック、ドリップ用に沸かされたお湯の湯気、窓から差し込む光で明るく輝く室内。

外の存在を感じながらも、穏やかで安心感のあるこの空間は、日常と非日常の間のような場所だ。日常である外と内をはっきり分けるのではなく、緩やかに結びつける。だからこそ、日常に疲れたときには気軽にここに来られるし、たっぷり楽しんだ後は前向きに日常に戻れるような気がする。

次は少し疲れたときに、日常の息継ぎをするように足を運んでみたい。またこの場所で温かな空間と美味しい食事に癒やされる日を思い浮かべて、背中を押されるように店を後にした。

Column4

純喫茶図解で描く人

Junkissazukai

図解の中には必ず人を描くことにしている。
図解のもとになるアイソメトリックは人を描かなくても成立する図法だが、
大学時代の恩師の〝人がいない建物は死んでいる〟という教えから
人を描き込むことを大切にしてきた。
そもそも、建物は使う人のために造られているので、人がいる方が自然なのだ。
純喫茶図解では、「架空の人」「実在する人」「身近な人」の
3つのタイプの人を描いている。そのうちのいくつかを例にあげるが、
他にも色んな人がいるので、ぜひ『ウォーリーをさがせ！』のように
楽しんで探してもらえると嬉しい。

架空の人

純喫茶の雰囲気に合う人や、純喫茶がある街にいそうな人を思い浮かべて描く。あるいは、このお店でこんな仕草をしたら似合いそう、という人も。図解ではこのタイプの人が最も多い。

七つ森

高円寺ではバンドマンをよく見かけたので、彼らが音楽について議論している場面を想像した。

トリコロール 本店

銀座でのお買い物帰りのマダムたちのお茶会をイメージした。

gion

このブランコ席は、地雷系ファッションの女の子にぴったりだと思った。

実在する人

実際に目撃した人や、お店の方から伺った来店客を、想像を膨らませて描いている。

らんぶる

ロリータファッションの方がお茶会をすると聞いて、想像してみた。

さぼうる

4代目オーナーの奥様。この仕草も実際に再現していただいた。

穂高

お相撲さんが来るとお店の方から伺ったので。

身近な人

実は、絵の中には私自身もいる。自分が体験した出来事や、ここにいてほしいという知人を、個人的な思いから描いているのだ。

それいゆ

私と担当編集者が初めて純喫茶図解の打ち合わせをしたときの様子。

つるや

大学時代の恩師と、つるや設計者の池原先生がお酒を酌み交わしている。

からす

友人と一緒に訪れたので、彼らとお茶している場面を描いてみた。

おわりに

最後までお読みくださり、ありがとうございました。『純喫茶図解』執筆の経緯を最後にお話ししたいと思います。

この本は、2019年に出版した書籍『銭湯図解』（中央公論新社）に続く「図解シリーズ」の2冊目です。「銭湯図解の続きが、どうして純喫茶図解？」と思う方もいらっしゃると思います。

きっかけは、大学時代に遡ります。私は〝考現学〟に関する研究をしていました。様々な物証をもとに歴史を読み解く考古学とは異なり、考現学では現在の世相や風俗を読み解き、その背景を考察します。私は考現学の中でも都市の色彩を研究していて、街の色を分析するために始めたのが水彩でした。「銭湯の魅力を伝えたい」という思いで銭湯図解を描き始めましたが、そこには絵を始めたルーツでもある考現学の視点がありました。

『銭湯図解』を発表してから時は流れ、銭湯以外の絵もお仕事で描くようになりました。様々なご依頼をいただくうちに、図解は〝建物を残すための絵〟としてニーズがあることに気づきました。例えば、数年後に閉業するため描き残してほしいという依頼や、リニューアルを行うため今の姿を描いてほしいというお話。自分の絵の新しい役割を感じたときに、思い出したのが考現学でした。

考現学は関東大震災をきっかけに始まり、高度経済成長期に隆盛するなど、時代が移り変わる際に盛んになっています。今の世相や暮らしを残して未来に繋げたいという危機意識があったのではないかと思います。

コロナ禍や災害などで目まぐるしく価値観が変わり続ける今現在。特に東京は大きな地震がきたら壊れてしまう建物も少なくないと危機感を覚えています。だからこそ、今、考現学に立ち戻り、消えてほしくない建物を絵で残したいと思ったのです。

私には、愛着を感じる建物がたくさんあります。銭湯、純喫茶、駄菓子屋さん、寄席、八百屋さん、たばこ屋さん、美術館など。それらの建物を少しでも後世に残せるように、そして建物に関わるすべての方への応援となるように「図解シ

リーズ」を再び始めたいと決意しました。

描きたいテーマは山ほどありましたが、まずは銭湯に近いレトロさと身近さを持つ純喫茶を取り上げたいと思いました。

また、普段から純喫茶に立ち寄ることが多く、「絶対に描きたい」と思い続けていた個人的な感情もあります。

連載開始から1年半の時間をかけて、ようやく1冊の本としてみなさんにお届けできる日を迎えました。私の表現は微力なものですが、それでも今ある最高に素敵な純喫茶の世界の一端を残せたら幸いです。

重ねて申し上げますが、この本を読んで行きたいお店を見つけたら、ぜひ足を運んでみてください。私の絵と文章と写真では表現しきれないほど、素晴らしい世界が待っています。この本をきっかけに実際に足を運んでいただくのが、私にとって何より嬉しいことです。

最後に、ここまで読んでくださった読者のみなさま、快く取材に応じてくださった純喫茶のみなさま、執筆中に支えてくれた友人たち、純喫茶の魅力が伝わる誌面に仕上げてくれたデザイナーの中村妙さん、最後まで一緒に奔走してくれた担当編集の松本あおいさん、ありがとうございました。

塩谷歩波《えんや・ほなみ》

1990年東京都生まれ。早稲田大学大学院（建築学専攻）修了。設計事務所、高円寺の銭湯・小杉湯の番頭を経て、2021年より画家として独立。設計事務所休職中に通い始めた銭湯に救われ、銭湯の建物内部を俯瞰で描く「銭湯図解」をSNS上で発表し、話題に。2019年に『情熱大陸』（MBS／TBS系）に出演、2022年には自身の半生をモデルにしたドラマ『湯あがりスケッチ』（ひかりTV）が配信されるなど注目を集める。現在は、飲食店、ギャラリー、茶室など、様々な建物の図解を制作するほか、入浴施設などのデザイン監修も手がける。著書に『銭湯図解』（中央公論新社）、『湯あがりみたいに、ホッとして』（双葉社）、『塩谷歩波作品集』（玄光社）がある。

純喫茶図解

2025年 4月 15日 第1刷発行

著者 塩谷歩波
発行人 見城 徹
編集人 菊地朱雅子
編集者 松本あおい
発行所 株式会社 幻冬舎
〒151-0051
東京都渋谷区千駄ヶ谷4-9-7
電話 03-5411-6211（編集）
03-5411-6222（営業）
公式HP https://www.gentosha.co.jp/
印刷・製本所 株式会社 光邦

Printed in Japan ISBN978-4-344-04425-8 C0095

この本に関するご意見・ご感想は、下記アンケートフォームからお寄せください。
https://www.gentosha.co.jp/e/

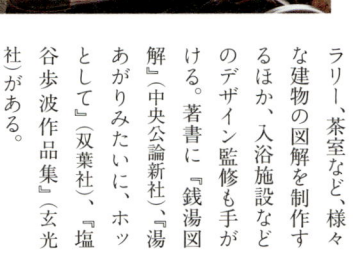